U0100254

大展好書　好書大展
品嘗好書　冠群可期

大展好書　好書大展

品嘗好書　冠群可期

武術特輯

144

侯氏
太極拳

附VCD

艾光明
張昱東 著

大展出版社有限公司

　　艾光明，1949年出生於西安，西安外國語大學教授，主要研究哲學與中國古代文化，尤其對周易、佛教、道教以及太極拳有著深入的研究。

　　1985年在興慶公園與侯轉運老師相識，透過與侯老師交手和交談，認識到侯氏太極拳獨特的技擊內涵和健身作用，從而跟隨侯老師學拳，成為侯轉運老師的入室弟子，也成為總結侯氏太極拳理論、宣傳侯氏太極拳的得力助手。2007年任中國侯氏太極拳會副會長，2010年任中國侯氏太極拳會會長。

　　張昱東，1962年出生於西安。對儒釋道三家思想精髓和老子道德學說、中國傳統醫學、太極拳有深入的研究。

　　1985年學習侯氏太極拳，2007年成為侯轉運老師的入室弟子，並任中國侯氏太極拳會副會長。

武當太極拳第十二代宗師侯春秀先生

當代太極拳大師侯轉運先生

本書作者與侯轉運老師合影（左起張昱東、侯轉運、艾光明）

1984年侯春秀先師八十壽辰合影留念

侯轉運在侯春秀先師塑像前合影

2009年春節在侯春秀先師墓前合影

1992年侯轉運等與海外學員合影

2005年侯戰國與侯轉運在趙堡

2008年春節聯誼會

2008年艾光明做侯氏太極拳講座

侯轉運練太極劍照

侯轉運的弟子吳星在廣州教拳

侯氏太極拳分會部分會員合影　2008年侯轉運與山西臨猗

前 言

　　武當傳統承架三合一太極拳，是張三豐祖師所創的嫡傳正宗太極拳，繼承了張三豐祖師原風原貌的拳架、推手、內功三合一傳統修煉體系，具有完整的太極拳勁法和太極內功訓練方法，是武當派內家功夫，性命雙修，並重養生、技擊實用之研究，可達養生延年、自衛防身、開發智慧的三重目的。

　　三豐祖師所創的太極拳，一直在民間秘傳了六百餘年而不為世人所知。自20世紀中期，侯春秀先師從河南溫縣趙堡鎮來到古城西安定居，開始將三豐祖師所創的武當傳統承架三合一太極拳向社會公開，培養了一大批弟子和學生，為傳播太極拳作出了重大貢獻。

　　為紀念侯春秀先師向社會公開傳授武當傳統承架三合一太極拳這一功德，後人將侯春秀先師所傳承的武當傳統承架三合一太極拳也稱為「侯氏承架太極拳」，簡稱「侯氏太極拳」，我們也按這一稱謂來作為本書的書名，表明本書所述的太極拳是由侯春秀先師所傳承的張三豐祖師原創的太極拳。

　　武當傳統承架三合一太極拳具有養生功法和技擊功法兩大法門，其內容非常豐富，有「太極圓樁功」、「太極

內丹功」等六大功法，可令修煉者後天返先天，修補五勞七傷之病灶；老樹接嫩枝，直達益壽延年之根本。就推手和技擊勁法來講，有上中下三盤24法秘技：掤捋擠按，採挒肘靠，起落進退，騰閃圓轉，纏跪挑撩，劈壁掛蹬。所有這些都堪稱中華傳統文化的瑰寶。

為能夠造福於更多的百姓，為使各界人士都能因習練武當傳統承架三合一太極拳而具有健康的體魄，並能夠由此更深切地體會並應用博大精深的中華優秀文化，我們特將侯氏承架太極拳的理、法、功、架等拳法內容進行整理並出版發行，公之於眾，向社會各界推廣普及侯氏承架太極拳，以繼承張三豐祖師、王宗岳、張敬芝、侯春秀等歷代先師的傳承，使太極拳在中國和世界上得到更大的發揚和傳播。

本書包括了侯氏承架太極拳的基本內容和概況，一是傳統承架拳法介紹，二是太極內功修煉方法簡介，三是太極拳功法的理論體系。本書中拳架部分的圖例照片為侯轉運老師所演示，推手部分中的圖例照片為侯轉運老師與他的弟子張占永所演示。視頻光碟中，拳架由侯轉運老師所演示，推手由侯轉運老師與張占永所演示。

在本書的編輯出版過程中，我們得到了山西著名武術家苗樹林、岳劍峰先生、山西著名文化企業家王占偉先生的大力支持和幫助，在此我們表示衷心的感謝！

目　錄

侯式太極拳

第一章

太極拳的歷史源流和傳承

太極拳是由道門高士張三豐在六百多年前所創。太極拳的產生是中華文化發展中的一件大事，它是中華太極文化發展到了巔峰時期的產物，它為後世進一步傳承和發揚中華文化的真正核心智慧提供了一個範本，它是為參悟宇宙之道而用身心來印證的一個證據。

一、中華太極文化的發展歷史

1. 中華太極文化發展概說

中華太極文化具有非常悠久的歷史。在一萬至七千年前，中華始祖部落之一伏羲氏族發明創造了太極文化的經典「太極圖」，由此闡明了宇宙的根源和事物發展變化的規律。之後，中華民族在太極文化的指引下，迅速發展和壯大，在距今六千年至六百年前，構成了世界上最成熟和發達的農業文明社會。在此期間，湧現出無數英雄豪傑，把太極文化運用到社會生產和生活的各個方面，創造出了

燦爛輝煌的中華文明，為中華後人所驕傲，為世界人民所讚賞和追求。

六千年前，中華始祖軒轅黃帝以太極原理為依據，對中華文化的各個方面進行了全面創造和發展，將中華文化發展到一個新的高峰，故被中華後人稱為人文始祖。以太極原理為基礎的易文化發展到了巔峰狀態，從《連山》到《歸藏》，從《歸藏》到《周易》，對世間萬事萬物的紛繁變化和生長收藏的關係進行理論上的描述和比類。此時，中華民族的大一統形式已然完成，從生產技術到社會組織形態都達到了根本的成熟和完善階段。至此，太極文化的發展已達到了一種完善狀態。

當孔子在晚年接觸並開始研究《易經》時，被它數理邏輯上的完美所震撼，沒想到宇宙竟然是這樣被準確描述的，他歎息道：「若老天能再多給我幾年來學習和研究《易經》，我就可以完滿得道了。」

道家在 3000 年前的時候開始走上歷史舞臺，老子，這位道家的創始人，為後人留下了完美體現中華太極文化的經典文本《道德經》。《道德經》中充滿著中華太極文化的真智慧，道是宇宙的本原，道生一，一生二，二生三，三生萬物。道是無形的，它表現在他所生出的那個「一」中，這個「一」就是太極，是宇宙形態的最高形式。老子《道德經》對中華太極文化的最大貢獻就是對《易經》學說進行了補充，闡明了事物發展變化的根源，究其變，知其源，宣導實事求是的思想方法，為中華太極文化融入了鮮活的靈魂，這是中華文化的底蘊和真智慧。

這一歷史時期，以太極文化為核心的中華文明無論從物質文明還是精神文明上都得到了空前發展，農業、工業、商業、醫藥、政治、軍事等各個行業的發展都達到了高度發達的水準。文學、史學和教育界的傑出代表是孔子，軍事家孫武著寫出世界軍事名著《孫子兵法》，醫藥業完善了《黃帝內經》、《神農本草經》和《湯液經法》，工業冶煉和製造、農業種植的書籍儘管現今已見不到，但從出土的文物來看，當時的技術都是有一套完整思想方法來支撐的。

經過戰國、秦漢之間的大規模戰亂，古典文化典籍受到大規模的損毀，再加上秦漢王朝的集權式政治統治，文化成為了為封建統治階級服務的工具，以至中華太極文化的發展在這裡發生了重大轉折。易學儘管還借儒學的外殼得以存在，但已逐漸成為了脫離實際的形式，易的數、象、義、理完全被割裂了，被不同的人應用在不同的行業領域，良莠不齊，以此得以殘存。老子道德之學一是被統治者應用到了政治領域，二是被道門修煉之士應用到身體修煉之中。

由於戰爭在政治鬥爭中的重大作用，因而，《孫子兵法》依然放射出耀眼的光輝，被政治、軍事專家所研習，保存著它的實質精神。醫藥行業是保存太極理論思想比較完好的領域，但在張仲景之後，創新和發展非常有限。工、商業不被封建統治者所重視，沒有什麼新的創意和突破，最終落伍於世界發展的行列。

儘管如此，太極文化並沒有湮滅，在民間始終保存著

它的火種，這主要是道門和醫門的貢獻。最終，道門高士張三豐繼承中華太極文化，經過探索和總結，創造出太極文化發展的新的結晶「太極拳」，這是中華後期歷史一千年中的一次重大創新。

2.太極文化理論的產生、發展和傳承

（1）易　經

「易」的產生是在距今 10000 年前至 7000 年前的伏羲氏時代，它是中華太極文化的發端，由此規定了中華文化的走向，這是中華先人經過一萬年的定居生活，透過長期的仰觀天象（天文曆法是最關鍵和最重要的來源），俯察地理，近取自身，遠取諸物，並加以抽象化和形式化的理論文化的根本性發明。

伏羲太極圖是《伏羲易》的經典和核心，它闡明了現世宇宙的四大規律：即宇宙萬物的本源和基本組成結構，具有膨脹和發散性質的宇宙根本變化規律，運動變化的對立統一規則，具有週期性和規定性的時空變化原則。

萬物產生的規則是：太極生陰陽，即一生二，陰陽生具有時空特性的八卦，即二生三，時空運轉，能量、資訊陰陽和合，生化出具有不同個性的萬事萬物，即八卦生萬物。本源即是太極，這是後世易學發展的基礎理論，萬變不離其宗。

易就是講陰陽和合及其所生變化的道理，它完整和抽象地描摹了萬事萬物的發展變化規律，重點在討論生發和變化的規律。

圖 1-1 伏羲太極圖

　　少典氏繼承伏羲氏，傳典籍《伏羲易》，至神農氏炎帝（距今 7000 年前至 6500 年前）為《連山》，至軒轅氏黃帝（距今 6500 年前至 6000 年前）為《歸藏》，《連山》、《歸藏》是處在物資更加豐富、人事更加複雜、抗爭更加劇烈、文化更加繁盛、觀察更加細緻的社會環境中，所以對《伏羲易》稍加變化以順應時代需要而已。顓頊氏為帝（距今 5800 年前至 5400 年前），強化中央集權，使巫神專職壟斷化，凌駕於黎民百姓之上。從此，精神文化領域被巫神、貴族所掌握和控制，《易》在此時和之後的 3000 年當中也一直是在巫神和貴族的手中流傳。顓頊、帝嚳、帝摰、堯、舜、禹宗《伏羲易》，故夏朝（距今 4100 年前至 3600 年前）傳《連山》，商朝（距今 3600 年前至 3100 年前）傳《歸藏》。

　　3100 年前，周文王姬昌以《伏羲易》為依據而作《周易》，《周易》是為《易經》的最後一個版本，它取代了以往所有各種《易經》版本而流傳於後世。從《周易》的卦象和文辭來看，它全面繼承和發展了中華太極文化的形象數理思維方法，重點突出陰陽之對立統一規則，重編卦序，作新辭，將商周時期社會民族矛盾和文王的憂患意識及進取精神全面地展現出來。

　　2560 年前，誕生了中華文化的聖人孔子，他對中華數千年燦爛發展的農業文明作了文化上的梳理和總結。尤其是他在其晚年對《周易》進行了全面研究，由其弟子記錄他的思想言論而作成《易傳》。《易傳》對象、數、辭、理、蓍、占、義等作了全面研究敘述和概括，將中華太極文化在當時社會的發展狀況較完整地展示給了後人，傳承了中華太極文化的思想精華。

　　自春秋時代，周朝封建宗主統治趨於崩潰，由統治者控制的文化專職人員和文化典籍開始流散於民間，打破了文化典籍在統治者、貴族上層傳承的傳統，中華太極文化影響到所有士人，使社會文明得到了空前的發展。孔子在這個社會大背景下，才得以總結概括 7000 年累積的中華農業文明，集文化之大成，並興講學之風，培養經世士才，將中華傳統文化傳之於後世。

　　經過戰國儒家學派的傳承，《周易》到漢朝時成為六經之首，《周易》研究達到一個鼎盛時期，儘管漢易研究偏重於象數，但由於周易學說的普及，其象數技術應用到社會生活各個方面，尤其是應用於道家的性命修煉之中，

所以取得了重大的技術應用成果。由於漢易在象數研究上的繁雜，最終走向崩盤，為魏晉時期的王弼「易」說所取代。王弼反對繁雜的象數比附，提倡「得意忘象」，但如此卻又走向了另一個極端，這也與魏晉時期崇尚「玄談」的學術風氣相一致。他的易學思想一直影響到隋唐。隋唐時期崇尚佛法，易學研究沒有什麼新的發展。

唐末、五代，陳摶透過道家的傳承，繼承並創造性地用「易圖」來解釋《易經》，以此與沒落的官方專制易學相抗衡，從而引發了宋代理學，易學研究在宋朝進入了一個鼎盛時期。之後，在道門中，儒、釋、道三教合流，將易學應用於性命修煉之術，為太極拳的產生奠定了技術理論基礎。

（2）道德經

春秋時期的老子開創了道教學說，老子承伏羲、黃帝等上古道家的思想精華，突出強調了「道」在宇宙生命系統中的本源性質，陰陽變化、萬物生長，都是以道為依據的，這是對「易」的一個重要補充，使中華太極文化更加完滿和平衡，同時，《道德經》中返璞歸真的理論，也為道教中的性命修煉主流意識提供了根據。

老子是中國古代的偉大思想家，他對社會歷史有著敏銳的觀察，對於時代政治的變革、周王室的衰微、禮樂典章的崩潰和人生的疾苦深為感觸，所以《道德經》五千言發自肺腑，具有深刻的憂患意識，知往而鑒來，充滿了實事求是的真知灼見，返璞歸真，追求本源，不受各種固定模式的學說所主導，不戴有色眼鏡，一切從宇宙本源出

發，按實際情況，靈活對待和處理，是對待社會和人生盛衰存亡的真智慧，是中華太極文化的大成智慧。

春秋戰國時期，經關尹傳列子、莊子、環淵至韓非，秦漢時期，由河上丈人數傳至蓋公，蓋公傳曹參，並得到漢文帝、竇太后等最高統治者的提倡，因而在漢朝初年盛行。漢武即位，獨尊儒術，老學轉為民間傳播，出現了河上公《老子章句》、嚴遵的《老子指歸》、張道陵的《老子想爾注》和王弼的《老子注》。河上公《老子章句》在其後廣泛傳播，成為道門修習《道德經》的唯一經典，而且其影響一直深入到魏晉、隋唐和兩宋。

由於《道德經》對宇宙生命系統本源上的闡明，所以它成為道門中修行的最高經典，從而為太極拳提供了修煉和行功的理論基礎。

3. 養生修煉的發展和傳承

生命的過程是一個能量耗散的過程，如何延緩個體生命歷程甚至返老還童成為性命修煉所追求的目標。在一萬年前的上古時代，中華民族就以伏羲太極學說開始了生命修煉的歷程，形成了與世界其他民族的本質文化差別。

上古時代，生命修煉一直在部族酋長、貴族、巫覡中流行，與百姓無緣。自春秋戰國始，周禮體系崩潰，文化精英和典籍散落民間，從而在方術體系方面出現了方士群體，並在秦漢之間發展到了極致。之後，方士群體分化，出現了煉丹派，煉丹派的出現使雜亂無章的道教門中具有核心的中堅。

　　東漢年間，會稽郡上虞人魏伯陽酷愛煉丹術，在繼承古人《龍虎經》和《火記》的基礎上，融會《周易》、「黃老」和「爐火」之學，經過親身實踐和驗證，達到了丹道修煉的成功，因而著出被後世尊為「萬古丹經王」的《周易參同契》。《周易參同契》對道門的影響極為巨大，後世的丹道大家如葛洪、陶弘景、鍾離權、呂洞賓、陳摶、張紫陽、王重陽等等，無一不受此書的教導而得益匪淺。此書與《易經》、《道德經》、《論語》、《黃帝內經》、《孫子兵法》一道構成了中華太極文化的主幹典籍而流傳萬古，常用常新。

　　《周易參同契》融會了黃老道學、《周易》大旨、神仙爐火等，所謂「參同契」，就是把這三門理論和理法技術進行參究和融會貫通，從而形成「丹道」。「丹道」包括了以伏羲氏為代表的上古先民發明的探索宇宙天地變化之道的太極陰陽「易」學思想，為求長生不老而發明的神仙煉養之術，體究宇宙萬物、人類社會發展根源的黃老道學，合三為一，名曰「參同」，它包括了內丹術和外丹術，上則探宇宙人生終極大道而與道同體，中則長生住世而逍遙永年，下則安樂養生而超脫塵俗。

　　唐末宋初，陳摶（西元 871—989 年），字圖南，自號「扶搖子」，被宋太宗封為「希夷先生」，為先天隱仙派一代祖師，通曉中華傳統文化，尤愛《易經》、老子《道德經》和《莊子》。63 歲出家修道，先赴武當山隱居，精研易理，並得「五龍觀」隱士授予「內丹睡功蟄龍法」，之後，西遊巴蜀學道，向邛州天慶觀道人何昌一學

「鎖鼻飛精術」，與譚峭互為師友，又得呂洞賓傳授《周易參同契》，李和（號麻衣道者）傳授「正易心法、先天圖、易龍圖」。

陳摶既得呂洞賓這樣高道逸人的傳授，又得到麻衣道者這樣即佛即道的隱名僧人傳授後，則貫串佛典禪法，窮「易」、「道」之理，開創了以「先天易學」為核心，三教合一的先天隱仙派，以內丹術為本，有「華山十二睡法（蜇龍法）」、「無極圖」、「易龍圖」、「指玄篇」傳世。

陳摶之先天隱仙派傳人張無夢傳陳景元，陳景元傳火龍真人，火龍真人傳張三豐。張三豐夙具慧根，決志學道。他浪跡天涯，歷經千辛萬苦，但開始幾十年所學皆旁門小法，與真道乖違。直至 67 歲，方遇火龍真人傳以大道。自古以來，傳道和學道皆難。師者，非其人不傳；而學道者，至誠求索，經千難萬險而不改初衷，志靡堅者，經明師指點方能如夢初醒，立地成真。

4. 中華醫學的發展和傳承

中華傳統醫學是展現中華太極文化最精彩的領域之一，它將太極理論應用於探究天人關係、人的生命的生理、病理，形成了一個完整的防病和治療體系，對中華民族的健康起到了決定性的意義。從一萬年前到一千八百年前，是中華醫學發展和繁榮的時期，出現了《黃帝內經》、《神農本草經》、《傷寒雜病論》等一系列中華醫學典籍，它達到了當時世界醫療學術的頂峰。從兩千年前至今，中華醫學處在穩定應用和補充發展期，它始終保有

著古樸純真的面貌，給世人幸福生活提供了極大便利。

春秋戰國時期，隨著中華文化的發展，醫學進入了一個總結、歸納和完善的階段，整理出了中華太極文化經典著作《黃帝內經》。他上承軒轅氏黃帝和各方氏族的研究貢獻，下啟兩漢繁榮的病理方藥醫術和後世的針灸醫術，它是將太極理論運用在天人關係，人的生理、病理和醫療技術探究的光輝典籍，尤其是它總結的黃帝時期扁鵲經脈學說，為針灸醫術和內丹修煉提供了原則。

東漢末年，南陽郡張仲景在繼承《黃帝內經》、《神農本草經》、伊尹《湯液經法》、《胎臚藥錄》的基礎上，運用太極理論，著出空前絕後的《傷寒雜病論》，為中醫學的實踐發展確立了標準和案例。張仲景應用太極理論，對疾病的病理和病機可做出精確判斷，並且能夠準確確立用藥組方和計算精確藥量，從而達到鬼斧神工的醫療效果。

宋朝時，中國社會進入了一個和平繁榮發展期，由政府組織，重新校勘、印刷、發行《黃帝內經》和《傷寒雜病論》，為太極拳繼承中華優秀的醫學成果準備了條件。

太極理論在中華醫學中的經典應用為太極拳的創立提供了啟示，另外中華醫學對人體結構和人的生理的研究成果也為太極拳所繼承。

5.軍事戰爭理論和實踐

軍事戰爭是政治鬥爭的延續，它的核心目的就是為爭奪利益。從軒轅氏黃帝時期開始，戰爭開始變得頻繁和激

烈,研究和掌握戰爭規律就成為政治家和軍事家的必備本領。戰爭是有關生死存亡的國家民族大事,所以一個民族會集最大的財力來運作它,會動用所有的精英人才和思想智慧來參與它,毫不例外,中華太極文化也被運用在了軍事戰爭的思想和原則之中。春秋時期,戰爭規模日益擴大,軍事名家不斷湧現,同時總結了數千年戰爭的經驗和教訓,產生了軍事名著《孫子兵法》。《孫子兵法》使用太極理論方法,對天、地、民、兵、將、謀略、物資等等戰爭因素進行了研究,得出如何才能戰勝敵手的思想原則,孫子十三篇的太極理論思想為歷朝歷代所研究和繼承,其光輝一直照耀到今日。

每到朝代興衰、交替之際,都會產生時代軍事名家和戰爭的總結文論,代不乏人,他們繼承中華太極文化的精神,使戰爭的藝術更加爐火純青。春秋戰國時代有《孫子兵法》、《六韜》、《吳子》、《司馬法》、《鬼谷子》、《孫臏兵法》、《魏繚子》,秦漢之際有《黃石公三略》、《張良兵法》,漢魏之際有《將苑》,隋唐時期有《唐李問對》,宋朝時有《太祖兵法》、《何博士備論》。戰爭理論的總結和戰爭的實踐,使中華太極文化的內涵更加豐富,也為太極拳的創立提供了戰爭思想和方法的準備。

6.搏擊武術的發展

在古代冷兵器戰爭中,敵我雙方將士面對面的格鬥是戰爭中的基本形式,由此總結發明格鬥技擊的技術,以求戰勝對方,是為武術。武術包括器械戰鬥技術和徒手搏擊

技術，徒手搏擊技術即為拳術，它既是整個武術的基礎，也是具有實用意義的搏擊術。

武術經過上古時代的發展，到春秋戰國時出現了第一個興盛期，戰爭方式由古代的車戰形式變化為以步騎戰為主，士兵體質強弱與技能高低往往成為軍隊戰鬥力強弱的重要因素，所以開始提倡「拳勇」和「技擊」，尤其是管子治齊尚拳術，後來孫臏到齊國也提倡拳術，形成了齊王有善於技擊的強兵，魏王有奮戰的武卒，秦王則有克敵制勝的銳士這樣的局面。並且已然出現了「相搏」這種形式的武術比賽，每年春秋兩季，天下武藝高強的人雲集在一起進行較量，有佯攻，有格檔防守，也有擊上打下的戰術運用，除打法外，摔法、拿法也有發展。同時，各種兵器及其使用技法也有了新的發展。

武術在春秋、戰國、秦漢和魏晉南北朝時期得到了空前的發展，戰爭的需要，國家軍事的需要，民間保護家園的需要，家族間、私人間械鬥的需要，但由於幾百年間頻繁的戰爭和動亂對社會生活及社會組織的破壞，武術不但難以得到技術上進一步的提高，而且在傳承上也會出現中斷，以至於從史籍上來看，並沒有形成具有獨特技術特點的武術門派，各種武術傳統均處在歷史割裂及分散狀態。這種情況在南北朝、隋唐期間發生了變化，出現了歷史性的轉折。

東漢時期，佛教開始進入中原地區，到南北朝時，佛教在中原的發展達到了一個鼎盛階段。佛教發展傳播所形成的寺院組織形式，為中華武術的保存、提高和發展提供

了非常重要的條件，並且這種組織形式又被某些道觀所模仿，所以寺院、道觀就成為中華武術的研究機構和策源地，其中最重要的寺院就是少林寺。

在隋末社會動盪時期，少林寺武僧因救護秦王而名震天下，從此，中原各地武術開始向少林寺彙聚，經過少林寺眾僧代代不斷的研究和整理，到宋元年間，少林寺武術就成為中原武術的集大成者，形成了中華武術的第一門派——少林派。

寺院和道觀能夠研究、傳承並發揚光大中華武術，是因為他在組織上和技術上具備了三個重要條件。

一是為能夠代代不斷的研究鑽研武術提供了連綿眾多的人力資源，這相對民間武術的發展是一個極大的優勢；二是寺院受社會政治、軍事、經濟鬥爭的干擾要比社會及民間要小得多，所以具有一個能夠靜心研究的環境，另外，一些身懷絕技的化外人士或罪犯等也可在這個環境中生存；三是佛教本身的修行，為武術奠定了靜功基礎，為武術的發展提供思想和精神方向，從而使武術的技術水準可以達到較高的層次。這就是佛教對中華武術的保存和發展所作出的最重要的貢獻。

所以，武術發展的歷史分為春秋、戰國和秦漢時期的傳統武術，南北朝時佛教興盛，寺院叢生而導致的武術專業化研究和訓練的中國武術模式，它有一個土壤，有一個彙集，有一個歸宿，那就是寺院武術，宋元時，武術的研究達到了巔峰，由此並影響到道門。

道教的核心是性命雙修，所以，動功、導引術等都是

為了強健身體及以外引內的初步修煉法門，如果武術習練
不能對內功修煉有所助益的話，則他們不會被選擇，所以
在道教中，武術開始並不被道士所重視，但是後來武術和
道門中的動功體系相融合，自南北朝至宋朝出現了以韓拱
月、許宣平、李道子、胡鏡子等為代表的如「三十七」、
「先天拳」這樣的注重內練的拳術體系，從而武術則成為
可以被用作為修道的一個輔助手段，或者說是練養的一個
途徑。當時，在道教的名山中，特別是武當山具有習武練
武的長期傳統，這為張三豐創太極拳提供了前提條件。

二、太極拳的創造

1. 概　述

　　張三豐是中華修煉之士的傑出代表，它全面繼承了從
遠古時期形成並不斷發展的太極文化和思想，在身心修煉
的指導方法上又有新的發明和創造，這就是太極拳。以
往，道門中有各種導引術的流傳，諸如五禽戲、六字訣、
八段錦之類，其目的是活血通脈，治療臟腑，引氣歸元，
是道門中身心修煉的入門功夫。三豐祖師總結了以往各種
導引術及道門武功，並結合了在民間流傳的以少林派為代
表的各種拳術，創造了一個全新的拳種，將它作為接引修
道之士的入門功夫，它既囊括了道家的各種動功體系，又
包括了少林拳術的精華，以伏羲太極圖為指導，把這些鍛
鍊身心的動作全部貫穿在了太極陰陽八卦五行觀念和形式

之中，故名此拳為「太極拳」。

太極拳使所有的有志修道之士有了切實可依、功效卓著的入門道法，也使習拳練武之士可將它用作修身養性、提高功力之法，還可使一般百姓將它作為活血通脈、治療疾病的手段。

三豐祖師說：「學太極拳為入道之基，入道以養心定性、聚氣斂神為主，故習此拳，亦須如此。學者須於動靜之中尋太極之益，於八卦、五行中求生剋之理，然後混七二之數，渾然成無極，心性神氣，相隨作用，則心安性定，神斂氣聚，一身中之太極成，陰陽交，動靜合，全身之四體百脈周流通暢，不黏不滯，斯可以傳吾法矣。」

2. 張三豐祖師創拳歷程

三豐祖師名君寶，字全一，號三豐，出生於西元1247年（元朝定宗貴由二年，南宋理宗淳祐七年）丁未歲四月初九，幼時因得眼疾而跟從碧落宮張雲庵道士數年，其間啟蒙學習了道經，並兼讀儒、佛經典。三豐祖師心明聰慧，會通大意，為日後的修道奠定了基礎。返家後，專習儒家經典。

1264年（中統五年，至元元年）秋，遊訪燕京（今北京），這時忽必烈剛遷都於燕京。在遊訪燕京數年間，他與平章政事廉希憲相識，廉希憲對三豐祖師的才華極為欣賞，其後特向朝廷奏請，薦三豐祖師任中山博陵縣令，赴任。然三豐祖師心存高遠，在政界故交劉秉忠去世（1274年）後，他的父母也相繼辭世，從而無意仕途，

棄官離家別鄉，雲遊四方，尋訪高人和修道之法，還曾入鹿邑太清宮出家，但尋訪三十多年，其所得均為一些小道末技，1294 年（至元三十一年），作「悠悠歌」，惆悵空度歲月之悲歎。

　　1314 年（延佑元年），在他 67 歲時，進入了終南山，尋法修道的命運從此扭轉。在這裡，他遇見了修道大師、陳搏老祖的再傳弟子火龍真人。火龍真人向他傳授了修道真法，在火龍真人的指導下，他在終南山中停居四載，功效卓然。後火龍師命他出山修煉，經過數年在社會上的磨鍊，功夫更加深厚。

　　1324 年（泰定元年）春，三豐祖師入武當山面壁調神九年，煉到九轉還丹，終於修煉始成。三豐祖師修煉「內丹」的實踐與體會，在他的著作《玄機直講》、《大道論》、《玄要篇》等中有完整記述。

　　雲遊到至正初年（大約 1342 年），回遼陽老家看望了父母之墓，之後再次遊訪燕京，七十年前的公卿故交，全都亡身不在了。往訪西山，遇見了六十多年前鼓勵他出家訪道的邱道人，他們一起談心話道，促膝參同，相聚甚歡。別後，又遊方秦蜀，至荊楚，再吳越，在金陵（今南京），遇沈萬山，傳以丹道，這時已是 1359 年（至正十九年）。

　　後仍還秦，居寶雞金台觀。1366 年（至正二十六年）九月二十日，三豐祖師在金台觀修煉時，陽神七日未回，因無人在旁護持，被當地老鄉誤以為已去世，當地人楊軌山則置棺以葬祖師，即葬之時，棺內有聲，啟之，乃見三

豐祖師活矣。三豐祖師感軌山之樸實，將其收為弟子。此事對祖師震動很大，他因此開始收徒傳道，一來接引誠意修煉之士，二來可培養練功護持之人。

1368 年春，在朱元璋登基之初，祖師攜徒登上武當山，結廬修觀，捧讀三教聖書，收徒傳道，號稱「武當派」，也被人稱做「三豐派」。此後居武當 23 年，前後收徒有丘玄靖、盧秋雲、劉古泉、楊善澄、周真德、孫碧雲等。

在武當期間，三豐祖師將他以往所學的導引術和武術相結合，貫以太極、陰陽、八卦、五行之理，把以練習擊打力量、擊打速度和攻防技術為主旨的傳統拳術改為以修煉內功為主的新型拳法，並起名為「太極拳」。從此，太極拳就成為武當派的基本功法，是每個弟子都必須要修煉的入門功夫，從此，以內丹為體、養生為首、防身為要，技擊為用；以意領氣，以氣化神，以神還虛，以虛合道的太極拳法成為武當派的基本入道之法。

三豐祖師所創太極拳，以「內外兼修」為其特點，全面體現了中國古代易經哲學的「自強不息」，「厚德載物」的民族精神，負載著「陰陽易變」，「生生不已」的文化資訊和「乾坤交泰」、「簡易中和」的上乘方法。同時處處閃耀著老子《道德經》的「反者道之動」、「弱者道之用」、「自然無為」、「返璞歸真」、「虛心實腹」的光輝思想，滲透著孫子兵法中的虛實、動靜、主客、攻守、奇正等行軍佈陣、示形造勢、隨機應變、避實就虛的克敵制勝的戰略戰術，貫穿著中醫學「天人合一」、「陰

平陽祕」、「氣血調和」、「內外相合」的養生衛生思想，太極拳「心息相依，順其自然」、「以靜制動，後發制人」、「煉精化氣，煉氣化神」、「煉神還虛，合虛還道」，而達於修煉、養生、健身、技擊之上乘境界。

3.張三豐祖師的歷史影響

三豐祖師是一個傳奇式的人物。他身材頎偉，龜形鶴背，大耳圓目，鬚髯如戟；他才華橫溢，過目成誦，學識淵博，道行高深，議論三教經書，絡繹不絕，皆因他心神合一，與道不二。他寒暑唯一衲一蓑，或三五日一餐，或兩三月一食；行無常行，住無常住。人皆異之，目為神仙中人。

1384年（洪武十七年），朱元璋下詔請祖師，不赴；1385年（洪武十八年）強沈萬山敦請，仍不赴；1392年（洪武二十五年），入雲南，會見被朱元璋流放至此的沈萬山；1407年（永樂五年），成祖朱棣命胡瀅等尋訪三豐祖師；1412年（永樂十年），又命孫碧雲在武當建宮殿，並致書相請三豐祖師赴朝。三年後，祖師飄然回武當，唯以詩詞托孫碧雲轉奏，之後雲遊而去，將太極內功和太極拳傳播於中華大地。

三豐祖師，他體恤民情，樂善好施，疾惡如仇，見義勇為，詼諧風趣，和藹可親，深得老百姓愛戴。他兼收並蓄，繼承呂洞賓祖師、陳摶祖師、張紫陽和王重陽祖師的思想，主張儒釋道「三教合一」，特別是他根據《道德經》中「道法自然」的宗旨，把道家的內丹功、養生家的

導引術、醫藥家的理法、武術家的拳術、軍事家的兵法加以綜合，演化出了集中華太極文化之大成的太極拳。武當派從無到有、從小到大，六百多年來，武當派以張三豐祖師為旗幟，萬法歸宗，薪火相傳，蜚聲海內外，造福全人類。

三、太極拳的秘傳和在社會上的流傳

1. 太極拳傳承的關鍵人物王宗岳

明朝中後期，武當派的太極拳法和內功修煉方法傳至王宗岳。王宗岳，字林楨，祖籍山右（今山西）人，生活在明代嘉靖和萬曆朝。三豐祖師傳拳時告曰：「此拳之來歷久矣，此拳何自來矣？有歌為證。歌曰：太極之先，天地根源；老君設教，宓子真傳；玉皇上帝，正坐當筵；帝君真武，列在兩邊；三界內外，億萬神仙。今將此歌此道以及此秘訣，傳之於汝，汝必擇人而傳，不可不慎。」王宗岳從學後苦練不輟，經多年研悟，太極拳和內功修煉達爐火純青之境。

明朝萬曆年間，王宗岳途經河南懷慶府趙堡鎮，適遇正在練拳的蔣發。王宗岳發現蔣發的習武資質良好，適於培養，並在蔣發懇求拜師之真誠感動下，允收為徒，帶回山西家中親自培養。蔣發，河南省懷慶府趙堡鎮小留村人，生於明朝萬曆二年，即西元 1574 年，二十多歲時，得到王宗岳先師七年的傾囊相授。七年中他侍師如父，苦累無輟，太極功夫日長。

王宗岳精通《易經》和《道德經》等中華太極文化典籍，對張三豐祖師所著《太極拳經》、歌訣多有發揮與注解。蔣發不僅在太極內功、拳法技術方面得到武當派真傳，也在太極理論等諸方面得到全面培養。在其學成歸里之時，王宗岳將張三豐祖師的《太極拳經》、歌訣、太極圖以及王宗岳自己對《太極拳經》的注解一併授予了蔣發，並再三叮囑：「汝歸家，此術不可妄傳，並非不傳，不得其人不傳，果得其人，必盡情以教之。倘得人不傳，如同絕嗣，能廣其傳更好。」

2.太極拳在河南溫縣趙堡鎮的秘傳歷史

蔣發先師回到家鄉後，更加深入研究和磨鍊，終得修煉大成，成為太極拳第三代宗師。蔣發嚴遵師訓，擇人而傳，他在做生意的過程中，觀察瞭解到在趙堡鎮南街關帝廟處居住的邢喜懷，為人忠厚，具有優異潛質，遂收其為徒，將太極拳和修道真法傳與邢喜懷，從此張三豐祖師所創太極拳在河南溫縣趙堡鎮紮下了根，並秘傳了四百年。

在這四百年中，太極拳在趙堡鎮代代秘傳，完整繼承了張三豐祖師的拳理、拳架和功法，故也被稱為「承架太極拳」。第四代邢喜懷傳張初臣，張初臣傳陳敬伯，陳敬伯傳張宗禹，張宗禹傳張彥，張彥傳其兒子張應昌，之後傳其後代張敬芝，張敬芝傳侯春秀。

3.太極拳其他門派的形成和太極拳的流傳

張三豐祖師所創武當派修煉功夫後來還傳到了浙江寧

波府，繼承人為張松溪。張松溪生活在明朝嘉靖年間，比王宗岳稍年長，他繼承武當派功夫並結合江南的武術，由此開創了武當松溪派，是為武當內家功夫南派。由於該派中的重要傳人黃百家是明末清初的思想大師黃宗羲的兒子，所以松溪派在社會上具有一定的影響。後來由於清朝統治者對江南反清復明的力量的鎮壓和防範，松溪派功夫的傳承也日漸隱秘，只在很小的範圍內秘傳。20世紀80年代後，隨著中國改革開放的發展，松溪派的功夫才見諸書刊披露，有後世傳人繼承發揚光大。

另外，三豐祖師的太極拳在道門內仍有傳承，這種情形一直延續到20世紀，但由於20世紀前半個世紀的社會動盪和戰爭，以及六、七十年代的「文化大革命」，使得道門中的太極拳傳承幾乎中斷了。近幾年來，有少數早期道門太極拳公佈於世，還需要進一步的挖掘和繼承。

自從蔣發先師將三豐祖師所創的武當傳統承架太極拳帶到河南溫縣趙堡鎮傳播，他也影響到了距趙堡鎮數里之遙的陳家溝。陳家溝世傳炮捶等拳術，習武風氣較盛，太極拳的傳入與陳家傳統武功相結合，形成了具有彈抖發勁特點的新拳種，20世紀後，陳家後人及社會各界將其稱為「陳氏太極拳」或「陳式太極拳」。

楊福魁，字祿禪，河北廣平府永年縣人氏，生活在19世紀，因對武術十分酷愛，而三赴陳家溝，向陳長興學習太極拳。藝成後，往北京教拳，被武林界稱為「楊無敵」，從而開創了「楊式太極拳」。經楊家後人的發揚光大，太極拳被全國及世界人民所知曉，為太極拳的普及作

出了重大貢獻。

太極拳第八代宗師張彥，河南溫縣趙堡鎮人，人稱「太極神手」，他將太極拳秘技傳於他的兒子張應昌，並由張應昌代父教授陳清平拳技，稱「少師」。陳清平為趙堡鎮糧食商人，家境富有。從陳清平學拳者眾多，其中拳藝出眾者有趙堡鎮人和兆元，和家後人及傳人將和兆元所傳太極拳稱為「和式太極拳」。另外，陳清平的弟子李景延創架勢獨特的「忽雷架」。

武禹襄，河北廣平府永年縣人氏，赴河南懷慶府趙堡鎮向陳清平學習太極拳，得到趙堡鎮秘傳的太極拳譜，從而創「武式太極拳」，並使王宗岳的《太極拳論》及其他太極拳理論著述大白於天下，為太極拳的普及作出了貢獻。太極拳各主要門派的關係如 38 頁圖所示。

4.太極拳的本質沒有分別

儘管由於拳架動作的差異，太極拳被冠以某式或某架，但太極拳的最終本質卻是修心，透過修身，進而修心，而達到身心合一的境界，這是修煉太極拳所要達到的第一個關鍵層次。有所修為的太極拳大師，招式已變得毫無意義，他從心所欲，外形隨心而動，不拘任何具體形式。太極拳的修煉在內心，不在外形，外形只是引子，是基礎，所以，太極拳稱為「某式」只對初學者有意義。

從太極拳本質上來說，不論什麼拳架，只要符合三豐祖師的太極拳功架十要，都可以作為初學者修身的基本依據。有一些初學者因不懂太極拳，會問哪一家的拳好，實

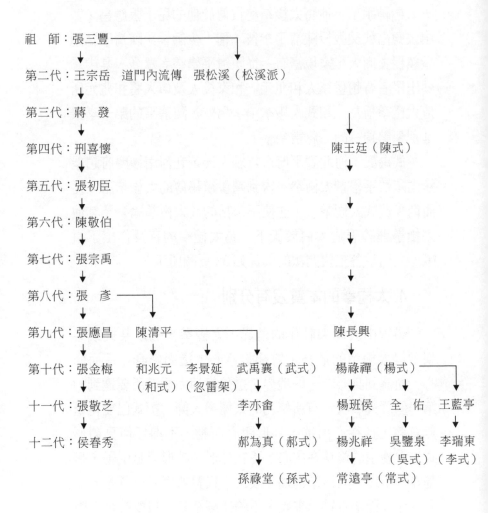

祖　師：張三豐

第二代：王宗岳　道門內流傳　張松溪（松溪派）

第三代：蔣　發

第四代：刑喜懷　　　　　　　　　　　　　　陳王廷（陳式）

第五代：張初臣

第六代：陳敬伯

第七代：張宗禹

第八代：張　彥

第九代：張應昌　陳清平　　　　　　　　　　陳長興

第十代：張金梅　和兆元　李景延　武禹襄（武式）　楊祿禪（楊式）
　　　　　　　　（和式）（忽雷架）

十一代：張敬芝　　　　　　　　李亦畬　　　　楊班侯　全　佑　王藍亭

十二代：侯春秀　　　　　　　　郝為真（郝式）　楊兆祥　吳鑑泉　李瑞東
　　　　　　　　　　　　　　　　　　↓　　　　　↓　　（吳式）（李式）
　　　　　　　　　　　　　　　孫祿堂（孫式）　常遠亭（常式）

際上，只要符合太極拳理，任何拳架都可入門，但拳架之後的內容，即進一步的修身、修心之法確是秘傳，如何修成身心合一，沒有明師指導是無法窺其門徑的，這些內容一般是不訴諸文字的，或者說靠文字難以表達，這是要用心去印證和感悟的。

太極拳的技擊內容始終是太極拳得以傳承的重要原因，也是太極拳修煉的基本入門之法，但當由技擊訓練而達到身心合一的層次後，此法也就被捨棄了，因為它畢竟不是太極拳修煉的目的，所以三豐祖師稱之為「技擊之末」。太極拳技擊訓練方法是太極拳修煉的一個重要門徑，由此訓練，可明白身體上、姿勢上、動作上的毛病。而且，技擊對抗也似一種遊戲，它引人入勝，由此可一步一步深入，從而糾正身上的各種毛病，使修身、修心得以向深入發展，這是三豐祖師教授的入門之法，為此，三豐祖師擔心後人沉溺於技擊而不能走向更高層次，特別告誡要「不徒作技擊之末」。

這樣，我們就明白了，拳架、推手、散手三者實際上是一個事情的三個方面，他合起來是一個事情，這三者不能分離，這是太極拳的基本修煉方法，離此，恐難以窺見入門之徑。當然，還有太極拳靜功的訓練。要想糾正自身的毛病，就得在動中求平衡、求放鬆，在靜中求合一，動靜相和，才能感悟太極拳的陰陽變化之道，體會天地萬物的陰陽轉化之道。

新中國成立後，國家體育管理部門對太極拳十分重視，組織人力，主要以楊式太極拳為基礎，編排了「簡化

太極拳」等套路，後又編排了楊、吳、陳、武、孫五式國家競賽套路，對太極拳的基本入門知識的普及起到了促進作用。但由於未能向公眾展示太極拳的完整技術體系和思想目的，使百姓對太極拳存有很大的偏見，太極拳運動有走向歧途的可能，這是需要我們做認真反思的。為了使中華太極文化完整傳承，使太極拳真正惠及廣大民眾，應認真總結太極拳思想和技術體系，不應使其流於表面樣式，而要追求其根本，將太極拳真正發揚和光大。

四、為世界人民造福的侯氏太極拳

1. 一代太極拳宗師侯春秀

侯春秀，字天順，河南溫縣趙堡鎮人，生於1904年，卒於1985年，享年81歲，是張三豐所創武當太極拳第十二代傳人，生前曾任西安武當趙堡太極拳研究會名譽會長。

侯春秀先師生長於清末到民國的戰亂年代，為強身健體，防敵禦敵，決心習武，17歲時即拜太極拳第十一代宗師張敬芝先生為師。侯春秀先師在跟隨張敬芝老師學習太極拳時，尊師重道，敬師如父，深得張先生的感動與器重，故將張三豐太極拳之秘訣全盤密授於侯春秀先師。侯春秀先師練拳起早貪黑，刻苦鍛鍊，細心揣摩，反覆實踐，繼承了師業，並發揚光大，最終成為太極拳一代宗師。20世紀30年代，侯春秀先師離開趙堡鎮，輾轉來到

陝西，先到寶雞，後又定居西安。

侯春秀先師精研太極拳，勤練不輟，擅長採捌跌放技法，更精散打功夫，拳技功夫造詣上已達出神入化、爐火純青之上乘境界，全盤繼承了三豐祖師的上中下三盤 24 法秘技：掤捋擠按，採捌肘靠，起落進退，騰閃圓轉，纏跪挑撩，劈壁掛蹬，堪稱中華太極功夫一絕，真正到了「彼不動，己不動；彼微動，己先動」，後發而先至，發敵於無形的境界。

20 世紀 50 年代起，侯春秀先師打破過去秘而不傳的門規，面向社會公開教拳，大家都為他謙和的人品、高超的拳藝和獨特的教學方法所傾倒，拜師學藝者甚眾，社會各界先後前來學習者逾千人，為傳播太極拳作出了重大貢獻。其主要傳人有二子侯戰國、三子侯轉運、女侯玉娥、婿王喜元、黃江天、張玉亮、劉會峙、徐效昌、岳劍峰、李宗有、趙策、劉曉凱、王德信、羅及午、邱保平、林泉寶、張長林、張順林、裴國強等人，他們中有不少人已成為當今武術界和太極拳界有影響的人物。

侯春秀先師一生心胸開闊，主張打破門戶之見，對於別門別派武友，凡來求教者，他一律熱情接待，細心指點，使他們學有所得，滿意而歸。趙堡太極拳名家鄭伯英和鄭悟清先生的弟子和學生也前來侯春秀先師處學習、請教，跟隨侯春秀先師學拳的有：劉玉英、權惠敬、王建、劉瑞、李隨成、吳本忠、郭大軍、李雙印、段紅良、宋蘊華、張士群、郭士奎、王萬一、安三才、張鴻道等人，其中，劉瑞從 1968 年一直學習到 1985 年，李隨成、宋蘊華

也隨侯春秀先師學習達數年之久。

西安武術界名家大師也多與侯春秀先師結為好友，其中關係最為密切的有趙堡太極拳名家鄭伯英和鄭悟清先生、西北梅花拳名家焦明德先生、技擊名家悟柄傑先生、西陽掌名家李秀桐先生等。

侯春秀先師具有高尚的仁德品格和精湛的太極拳技藝，得到了武術界同仁及學生、弟子的衷心感佩和愛戴，1985年，侯春秀先師的去世驚動了整個陝西武術界，前來弔唁、送行的各界人士達數千人，表達出了大家對侯春秀先師深深的敬仰和懷念之情。

侯春秀先師繼承了張三豐祖師所創武當太極拳的真傳後未保守秘藏，而是將其在西安及西北等地區廣泛傳播，其弟子和學生更加傳向了全國及海外，發揚光大了武當派，造福於廣大百姓，為推廣中華太極文化作出了重大貢獻，為紀念他的這一功德，後人將武當傳統承架三合一太極拳也稱為侯氏承架太極拳，簡稱侯氏太極拳。

2.繼承、發展和創新的太極拳大師侯轉運

侯轉運，出生於1957年8月，成長在這個太極拳興旺發達的時代。他目睹父親驚世駭俗的太極功夫，決心繼承父業，學到真本事，把太極拳事業發揚光大，為民造福。在其父親手把手的嚴格教授下，侯轉運先生從小就全面學習武當傳統承架三合一太極拳，每日堅持習練，三十多年來不分寒暑，未敢懈怠。由於他勤學苦練，再加上得天獨厚的嚴傳家教，因而盡得其父真傳，從拳架、推手、

散打、內功、養生諸方面全面繼承了太極拳功法的真諦。

　　自侯春秀先師去世後，侯轉運先生就擔任起傳播武當張三豐太極拳的重任。二十多年來，學生和弟子已遍佈海內外各地，有來自加拿大、澳洲、德國、日本、新加坡、韓國等國家的太極拳愛好者，也有來自包括北京、天津、長春、哈爾濱、成都、廣東、廣西、福建、山東、山西、陝西、浙江、新疆等全國各地的太極拳及武術愛好者，至今慕名前來學習者仍接連不斷，侯轉運先生的學生和弟子可謂桃李滿天下。

　　侯先生精湛的太極拳功夫和事蹟日益為社會各界人士所傳揚，《中國太極拳大辭典》、《華夏名人錄》、《三秦名人錄》、《武當》、《氣功與健康》，西安廣播電臺等書刊雜誌以及國內外多家傳媒曾多次予以刊載、宣傳和報導，慕名前來訪問者絡繹不絕，侯轉運先生均予以熱情接待，相互切磋並給予指導，深受廣大太極拳愛好者的推崇與尊敬。侯轉運先生被聘為西安市武術協會委員、武術教練，陝西省多所高等院校武術總教練，及多家企事業單位的顧問。

　　2007 年，侯轉運先生主持成立「中國侯氏太極拳會」，傳播三豐祖師所創的太極拳功法體系，並編著文章資料，創建「中國侯氏太極拳網」，以使廣大人民群眾能夠認識並瞭解三豐祖師所原創的太極拳，從而使三豐祖師所原創的太極拳更加普及，為人民健康事業作出貢獻。

3. 為世界人民造福的武當傳統承架太極拳

太極拳從武當創立到傳至趙堡,再發展到全中國和全世界公開傳播,從秘傳狀態發展到使千萬百姓受益,太極拳已完成了他的前三個歷史發展階段。

今天,為能夠造福於更多的百姓,為使各界人士都能因習練傳統承架太極拳而具有健康的體魄,並由此能夠更深切地體會、理解並應用博大精深的中華太極文化,侯轉運先生積極向社會各界推廣普及武當傳統承架太極拳,以繼承張三豐祖師、王宗岳、張敬芝、侯春秀等歷代宗師的一脈傳承,並將引領著武當傳統承架太極拳事業的繼續蓬勃發展,使全國和全世界人民都能因太極拳而身體健康、生活幸福,社會和諧發展,使太極拳在中國和世界上得到更大的發揚和傳播。

第二章

太極拳的內容和意義

一、太極是什麼

中國古代把房屋中最高位置的主樑稱為「極」，以後便由此引申出「極高」、「頂端」、「極端」、「極限」等意義；「太」就是「大」，在「太極」一詞裡是「最」的意思，所以「太極」一詞就表示「最極端」的意義。

中國古代道家文化認為，宇宙生命和萬事萬物是依據於道的力量及規則而形成的，在道的推動和引導下，從虛無中生出萬有的胚胎，稱為「一」，是為生命的種子。就像由種子長成參天大樹一樣，由這個「一」從而演化出了無際的宇宙及複雜的萬事萬物，這個「一」古時稱作為「太一」。老子《道德經》說：「道生一，一生二，二生三，三生萬物」，揭示了宇宙生命繁衍發展的核心程式。後來戰國時期的《易傳》將此「一」、「太一」稱作為「太極」，表示它是宇宙的最初生發點或極點、端點，《易傳》是戰國時期由孔子弟子依據孔子「易論」而編著的。《易傳·繫辭》中曰：「是故易有太極，是生兩儀，兩儀

生四象，四象生八卦，八卦定吉凶，吉凶生大業。」從易數的角度對宇宙生命的繁衍發展進行了表述。

在中國歷史上，孔孟儒家學說成為顯學，所以，後來就用「太極」一詞取代了「太一」一詞而成為描述宇宙生命開端的專門用語。

春秋時期，周朝守藏史老聃在其所著《道德經》中指出，天地生命萬物的總根源就是「道」。《道德經》總結了中國古人對宇宙生命體系的總看法，就是將宇宙生命體系比喻為一條大路，即「道」，宇宙的生生不已的動態發展過程都須按照「道」的規定和指引，從宇宙生命虛空生出一點「種子」，到長成萬事萬物的生命個體，再到死亡而回歸宇宙生命虛空，這就是宇宙生命之道。

這條道是前後貫通的，老子《道德經》說：「其上不皦，其下不昧，繩繩不可名也，復歸於無物。是謂無狀之狀，無物之象，是謂忽恍。隨而不見其後，迎而不見其首。」道也就是整個宇宙生命體系的根源，是宇宙生命之母。而依據於道的力量由宇宙生命虛空生出的「一」，即「太極」則是宇宙萬物的本源。

「太極」是充滿了宇宙生命靈息的生命種子，是一個不可區分的混沌整體，是宇宙生命的初始，在「道」的作用下，生生不已而一分為二，是為具無形無質而有動力的「陽」和具有形體和品質的「陰」，且陰陽兩方相互包含、相互依存、相互轉化，進一步生長分化而形成具有能量、資訊和品質的三維物質時空，進而繁衍發展成為萬事萬物的宇宙生命體系。張三豐祖師說：「太極之先，本為

無極。鴻蒙一氣，渾然不分，故無極為太極之母，即萬物先天之機也。二氣分，天地判，始成太極。二氣為陰陽，陰靜陽動，陰息陽生。天地分清濁，清浮濁沉，清高濁卑。陰陽相交，清濁相媾，氤氳化生，始育萬物。」

人類是宇宙生命的精靈，他的生命與整個宇宙生命是同源的。俗話講，人是一個小宇宙，所以人可以由感悟自身的生命之源而達到感悟整個宇宙生命的根源。老子《道德經》說：「反者道之動，弱者道之用。」返本歸根，回到生命的「太極」，是「道」的永恆規律，從弱小到生長壯大是「道」在萬事萬物中的體現。

宇宙生命有原點，人的生命也有原點，這個原點是一致的，就是「太極」。返回「太極」之點，就回到生命的本源，並可由此進入宇宙生命之虛空世界；返回「太極」之點，就回到了「弱」者狀態，則又可以欣欣向榮了。

二、為什麼叫太極拳

中國古代拳術起源於戰鬥和搏擊，是徒手搏擊技術和技巧的總結和彙集，到宋代發展到了鼎盛狀態，出現了各種拳術門派。中國古代拳術主要解決的技術問題是這樣幾方面：如何形成強大的身體力量（提高功力的技術），並將全身所有力量集中起來達到最大時而擊中對手（調動功力的技術和搏擊技巧），如何躲避並化解對手的攻擊（防守技術），如何跳躍和攀緣得更高、更遠、更靈活（輕功技術）。其中最關鍵的技術就是提高功力和調動功力的技

術。

　　提高功力的方法主要是：負重或持重練功法、以器械擊打身體各部位練功法、以身體某部位擊打堅硬物或砂類物練功法等等，這就是現代所說的「硬氣功」方法，諸如「金鐘罩」、「鐵布衫」、「鐵砂掌」等。俗話說：「一力降十會」，說的就是好功力勝過好技巧，民間社會就一直崇尚這種功力。

　　訓練調動功力的方法主要有：加快動作速度訓練法、爆發勁訓練法、寸勁訓練法、對手較勁訓練法等，現代歐美拳擊也是使用這種方法。

　　以上這些練功方法都是由人的身體能量和精力大量釋放而實現的，因而它會損傷練功者的內臟器官，並大量損耗練功者的元精和元氣。就像現代為體育競賽而訓練的運動員也會發生這樣的損傷和損耗一樣，練功成了拳術習練者導致受傷害的不利因素。這種由將體內的精力、氣力不斷向外發放而達到一定功力水準的拳術，從明朝開始被稱作「外家拳」。

　　明朝洪武年間，精於丹道修煉的道人張三豐在武當山進入了最後的修煉階段，經數年終於達到了煉神還虛之道門修煉最高境界，從而可自由出入有無兩界。他為了使丹道普惠眾生、造福百姓，開始收徒傳授丹道，歷史上被稱為「三豐派」或「武當派」。在傳授基本丹功的過程中，他結合道門導引術、丹道靜功法，把流傳於民間、寺院的傳統拳術進行了一次翻天覆地的徹底改造，以用於丹道之修煉。他摒棄傳統拳術的精力和氣力外向的訓練方法，而

改為由外動導引內氣歸入氣穴，由凝聚陽氣和陰精而使陰陽和合，形成陰陽未分時的太極狀態，達到一種柔似水、堅似剛的內在功力。這一中國歷史上使太極文化融入拳術的新的創造，被張三豐命名為「太極拳」。「外家拳」的練功方法屬發散性質，而「太極拳」的練功方法是收斂性質的，「太極拳」的「和合凝聚」既使人們強健了身體、增強了功力，又使人們調理了身心狀態，杜絕了由於內氣的發散、損耗而對健康的損害。

這就是對以往外家拳「反其道而行之」的新拳術，因為它遵從了老子的「反者道之動，弱者道之用」的教導，將發散的內氣和精力進行收斂、調理、凝聚，最終將其和合成具有「弱者」和「生生不已」性質的「混沌種子」，即「太極」，故而被創拳祖師張三豐名為「太極拳」。

三豐祖師說：「人之生世，本有一無極，先天之機是也。迨入後天，即成太極。故萬物莫不有無極，亦莫不有太極也。人之作用，有動必有靜，靜極必動，動靜相因，而陰陽分，渾然一太極也。人之生機，全恃神氣。氣清上浮，無異上天。神凝內斂，無異下地。神氣相交，亦宛然一太極也。故傳吾太極拳法，即須先明太極妙道。太極拳者，其靜如動，其動如靜。動靜循環，相連不斷，則二氣既交，而太極之象成。內斂其神，外聚其氣。拳未到而意先到，拳不到而意亦到。意者，神之使也。神氣既媾，而太極之位定。」

後來凡是採用太極拳這種練功方法的各種拳術則被統稱為「內家拳」，以別於「外家拳」。

三、太極拳在丹道修煉中的地位和作用

　　宇宙生命之道是由虛無世界產生太極形式的混元物質，再分陰陽二質，由陰陽氤氳化生現實世界的萬事萬物，萬事萬物最後消亡再回歸虛無世界。這個過程就如《道德經》所言：「道生之而德畜之，物形之而器成之。是以萬物尊道而貴德。道之尊，德之貴也，夫莫之爵，而恒自然也。道生之、畜之、長之、育之、亭之、毒之、養之、覆之。生而弗有也，為而弗恃也，長而弗宰也。」

　　人的生命之道也是如此，三豐祖師說：「父母未生以前，一片太虛，托諸於穆，此無極是也。無極為陰靜，陰靜陽亦靜也。父母施生之始，一片靈氣投入胞中，此太極是也。太極為陽動，陽動陰亦動也。自是而陰陽相推，剛柔相摩，八卦相蕩，則乾道成男、坤道成女矣。故男女交媾之初，男精女血，混成一物，此即是人身之本也。嗣後而父精藏於腎，母血藏於心，心腎脈連，隨母呼吸，十月形全，脫離母腹。斯時也，性渾於無識，又以無極伏其神，命資於有生，復以太極育其氣。氣脈靜而內蘊元神，則曰真性。神思靜而中長元氣，則曰真命。」

　　宇宙生命之道：虛無（無極）→太極→陰陽→萬物→虛無。

　　人的個體生命繁衍之道：虛無→太極→陰陽合卵→元精（形體原始物質）、元氣（生長的推動力）、元神（生命資訊）→形體（血液、臟器、骨骼、肌肉等）、氣（能

量或熱量）、神（意念和思維）→散失和消亡→回歸虛無。

丹道卻正與上述人的個體生命繁衍之道相反，是為「返璞歸真」。透過練形體、養內氣、調神意而進一步控制體內的元氣、元神和元精進行聚合，最終化生為生命的初始物質「丹」，也就是「太極」，這就是內丹功。在體內結「丹」的基礎上，再由此進入虛無之境，達到可自由出入現實世界和虛無世界的能力，從而能夠「以無制有」，逍遙在世。

呂洞賓祖師說：「養氣忘言守，降心為不為，動靜知宗祖，無事更尋誰。真常須應物，應物要不迷，不迷自性住，性住氣自回。氣回丹自結，壺中配坎離，陰陽生反覆，普化一聲雷。白雲朝頂上，甘露灑須彌，自飲長生酒，逍遙誰得知。潛聽無弦曲，明通造化機，都來二十句，端的上天梯。」把丹道的過程作了完整的描述，為所有修煉丹道者指明了方向。

自伏羲、黃帝、老子、莊子、魏伯陽、葛洪、許遜、呂洞賓、陳搏、張伯端、王重陽、張三豐一脈相傳的丹道，是中華太極文化的瑰寶，是認識人的生命和心靈本質的法寶。

人體有形、氣、神三個層次，丹道入門功夫是對形、氣、神三個層次的修煉，稱作築基。三豐祖師說：「學太極拳，為入道之基，入道以養心定性，聚氣斂神為主。故習此拳，亦須如此。若心不能安，性即擾之。氣不外聚，神必亂之。心性不相接，神氣不相交，則全身之四體百脈，莫不盡死。雖依勢作用，法無效也。欲求安心定性，

斂神聚氣，則打坐之舉不可缺，而行功之法不可廢矣。學者須於動靜之中尋太極之益，於八卦、五行之中求生剋之理，然後混七二之數，渾然成無極。心性神氣，相隨作用，則心安性定，神斂氣聚，一身中之太極成，陰陽交，動靜合，全身之四體百脈周流通暢，不粘不滯，斯可以傳吾法矣。」

三豐祖師又說：「太極行功，功在調和陰陽，交合神氣，……須正心誠意，冥心絕欲，從頭做去，始能逐步升登，證悟大道。長生不老之基，即胎於此。若才得太極拳法，不知行功之奧妙，挈置不顧，此無異煉丹不採藥，採藥不煉丹，莫道不能登長生大道，即外面功夫，亦決不能成就，必須功拳並練。蓋功屬柔而拳屬剛，拳屬動而功屬靜，剛柔互濟，動靜相因，始成為太極之象。相輔而行，方足致用。此練太極拳者所以必先知行功之妙用，行功者所以必先明太極之妙道也。」

三豐祖師將太極拳在修煉丹道中的地位和作用說得一清二楚，一方面，學練太極拳為修煉丹道的基礎；另一方面，太極拳屬動功，與煉丹靜功相輔相成，陰陽互濟，共同為用來達到練內丹之目標。

四、武術技擊在太極拳中的作用和意義

武術技擊原本就是拳術的終極目的，儘管太極拳的最終目的已不是技擊，但武術技擊對太極拳來說仍具有兩重意義和作用。

　　一者，武術技擊可以作為太極拳修煉的入門手段。對於大多數人，他們都還沒有切身感受到其身體的形、氣及意的關係和作用，比如順勢、背勢，剛、柔，形、意，神、氣，虛、實，動、靜，陰、陽，都是不容易體會和感悟的，就需要由以個體的拳架練習方式和對手對練方式來體會自己身體、內氣和意識的配合及協調，而對手對練方式就是以技擊對練方式為典型代表，在太極拳中，將技擊對練方式又進一步細化為「推手」和「散手」。透過練架，尤其是透過技擊對練，才能夠使自己的形體及動作被自己的意識所控制，而不是被對手所控制，從而體會和感悟什麼是動靜、虛實、剛柔和陰陽，什麼是內氣，什麼是真意，最終才能體會什麼是渾圓的太極。

　　二者，太極是可分的，道之用是為太極分陰陽；陰陽之用，在人的形體上可表現為技擊，在社會處事上則可表現為智謀，在科技工程上則可表現為智識和技藝，等等各個方面皆可應用。呂洞賓祖師說：「真常須應物，應物要不迷」，指的就是太極之用，用但不迷於事物，不被外界因素所牽動。技擊應用，可用於防身抗暴，但只此應用十分局限，重要的是太極拳技擊提供了一種化解和解決各種矛盾的一種模式，如要化解個人及社會各種矛盾，需要有回歸太極的真智慧，需要應用動靜、虛實、剛柔等陰陽方法，這就是太極拳技擊所代表的太極之用的重要意義。

　　作者與侯轉運老師曾經就太極拳的精髓和意義有過一次討論如下：

　　侯：七十五勢中不重複動作有四十八勢，但在散手中

不會說是明確用的是哪一招、哪一勢，關鍵是隨機應變，意念領先。拳譜中是這麼說的：招無招，意無意，無意中間是真意。

張：中國文化的精華就是實事求是，《道德經》的精髓用一句話來說就是實事求是，散手技擊中也要貫穿實事求是的精神。

艾：有兩種實事求是，一種是強者的實事求是，強壯的打軟弱的、大力打小力，這是他的實事求是。一般來說，強勝弱、大勝小，強者會持這種心態，但也容易造成他的不實事求是。一種是弱者的實事求是，根據對方和環境的狀態，來把握自己的心態和行動，不和強者做硬對抗，而是找他的弱點打擊他、戰勝他。

張：和軍事上的戰略戰術一樣。

艾：20 世紀 80 年代，我剛開始跟侯老師學拳的時候，碰到過這麼一件事，那是在東門練拳，來了一個大個子，又魁又壯，是練功力拳的，叫王東亮。

侯：是西安製鉗廠的。

艾：他練了有十幾年，天天拿拳頭砸鋼板、打樹，拳頭都練變形了，他雙手掄拳的速度極快，他一打過來，所有人都向後躲都躲不急，如果拿胳膊來架，胳膊就得被砸斷，如果打在身上，骨頭就得被打斷。這一天我們正在練拳，他來找侯老師比試，他掄拳向侯老師砸下來，你看侯老師這麼瘦小，我們都捏著一把汗，但侯老師一不躲二不閃，一個進身，把王東亮打出了幾公尺遠，摔在地上，幾分鐘都沒爬起來。完後王東亮說：「我這十幾年的工夫都

白練了。」

張：是白練了，這麼快、這麼硬的拳不但打不到侯老師，還把自己給打出去了。

侯：太極拳就是要做到，不管別人多大力，都讓別人的力量擱不到你身上，還要讓他出去。

艾：侯老師用的勁就是雲手的勁，你別看就是這麼一個簡簡單單的雲手，它變化奧妙，有無窮的應用，在劃的這個圈中，無處不打人。雲手就體現了太極的圓，具有無窮的變化，若能把雲手練精，就能領會到太極拳的奧秘。

張：侯老師不退反進，體現了太極拳的戰略戰術精髓。就像日本人進攻中國，共產黨毛澤東不退反進，避實就虛，這樣才能以弱小戰勝強大。

艾：是啊，對方的拳頭過來，我不去硬頂硬抗，而是繞到他的不設防處或虛弱處去打擊他。

侯：太極拳的道理是如此，但要做到這一點，還需要由練習磨鍊出來，把棱角一點點磨掉，把自己磨光，練成一個整體，上下相隨的整體。

張：也就是磨圓吧，無使有凸凹處，無使有斷續處。

艾：對，就是太極圖的那個形象。六百年前，張三豐祖師日夜揣摩太極圖，終於悟出了拳法的真諦，太極拳無論就其理，就其動作，就其應用，均與陰陽太極之理相合。

張：是陳摶老祖發明的太極圖吧。

艾：不是的，是伏羲氏創造的太極圖。

張：不是說是伏羲氏創八卦嗎？

艾：太極圖包括兩部分，中間是圓轉的陰陽魚，其外是八卦符號，這個圖叫伏羲先天圖。一萬年前，中國存在四大部落：燧人氏、有巢氏、伏羲氏、神農氏，伏羲氏的貢獻是兩套符號體系：太極圖和八卦符號。伏羲氏「仰觀天象，俯察萬物，遠取諸物，近取諸身」，以形象思維方式構成了一個栩栩如生的世界根本規律之大經典，其中的太極圖具有陰陽兩魚，首尾相接，以黑白兩色共在一個圓內，中間的 S 曲線表示陰陽間的對立變化，表示出了陰陽對立統一規律，是太極陰陽規律示意圖。世界上最根本的規律是對立統一的規律，太極圖就完整、準確地體現了對立統一規律。

張：宋代以前沒有記載太極圖及太極圖的來歷，以前的說法是八卦符號由伏羲創造發明的，沒有說明太極圖也是伏羲氏發明，是因為失傳造成的吧？

艾：應該說是在道門中秘傳，外界不知而已。

張：我對太極圖的理解是：太極圖的黑白雙魚是內核，內部的本根是太極，其外部的表現形式是八卦，八卦表示外部隨環境（時間等）發生變化，其變化是因為內部陰陽隨外部變化作調整，而表現在外部八卦的變化。就如物質隨環境發生物理變化，或化學變化，但其原子核這個本根不變化，這是完整的一。

侯：身體練成完整的一個整體，說動，並不是說只有哪個部位該怎麼動，而是全身上下整體的動，一動無有不動，要練成上下相隨的整體勁。

艾：動靜還要相結合，道門中的功法分動靜兩種，三

豐祖師既練靜功，又練太極拳，活了二百多歲，這就是動靜陰陽相合的結果。

侯：整體勁的訓練，靜功是基礎，動功是應用。只有靜得下來，才能鬆得下來，只有放鬆了，才會有速度。整體的動要求上下相隨，上下相隨人難進，上下相隨了，動起來就活了，身上活起來了，就會產生剛柔相濟的勁道。有些人只強調了柔，這是不對的，太極拳是剛柔相濟、動靜相合。

張：三豐祖師能發明這樣剛柔相濟、動靜相合的拳術，真是一代文武聖人。太極陰陽的道理不但可以用於身體的修行，也同樣適用於社會中的為人處世。

艾：這是中國的真智慧。

張：是智慧，而不是規則，規則是死的，智慧是活的。宋明理學所講的理、所講的孔孟之道就是規則，就導致了中國人思想的僵化，現在要回到中國的真智慧上來，真正理解把握太極陰陽之道，實事求是。

侯：練拳要貫穿意念，不同的層次有不同的意念。比如初學者，他的意念就是灌注在動作上，使動作正確。之後會有各層次的不同意念，如：抬手如抽絲，抬腿如拔泥，這就是意念。

艾：意念為武當內家功夫之本。該意念不是語言邏輯之思維，是道門中所說的元神。無論靜也罷，動也罷，全神貫注，聚精會神，深入體會鬆靜安適狀態下的感受，特別是全身心高度協調狀態下的感受，是為元神之態，也就是武當太極內功之態。其時心身合一，拳自心出，意自性

發，無窮感應，有感皆應，在這種獨特的意念支配下，則內氣運轉，因循為用，自然會出現順勢借力，引進落空，四兩撥千斤之行為，其架勢才能鬆靜平穩，中正安舒，其動作才能輕靈圓活，以柔克剛，巧採妙拿，抖捌彈發，冷脆快狠，發人於無形。

張：三豐祖師所說的以武事而得道，就是在這種意念狀態下對道的感悟和把握吧。以武事得道就是靠身體修煉來悟道，在歷史上不乏其人，道門祖師老聃、佛祖釋迦牟尼、太極拳祖師張三豐都是以身體修煉而得道，而孔子是以文得道的典範。

五、太極拳功夫的幾個層次
和實現的技術手段

對我們一般人來說，在未練習太極拳之前，我們的身形是散亂的，內氣處於混亂的狀態，力量是僵硬和分散的，心意無法準確控制自己的身、力、氣等諸要素。所以第一步是糾正散亂的身形，做到外三合，即：「手與腳合，肘與膝合，肩與胯合」，達到身形凝聚、上下相合、左右相隨，此為第一層功夫。

第二步是調整自身混亂的內氣，改變僵硬的習慣性勁力，並使得自身的「內氣」與「外力」接合，做到「氣與力合」，此為第二層功夫。

第三步是形成混一的太極勁力，做到筋與骨合，使筋的柔勁和骨的剛勁張弛有度，最終合為可柔可剛、亦柔亦剛的渾圓太極勁，此為第三層功夫。

這三層功夫可完成使身體由散亂、僵硬到整合、柔順直至剛柔相濟的目的。

以上三層功夫都是身體上的功夫，在掌握了這三層功夫之上，可進一步修煉太極心意功夫。

太極拳最終的功夫不在外形本身，而實際上是在心意的功夫，因為太極修煉的過程始終是以心意為主宰的。王宗岳宗師說：「以心行氣，務令沉著，乃能收斂入骨。以氣運身，務令順遂，乃能便利從心。精神能提得起，則無遲重之虞，所謂頂頭懸也。意氣須換得靈，乃有圓活之趣，所謂變動虛實也。」其中就講明瞭心意功夫是為習練太極拳的關鍵和主宰。

什麼時候可使心意、氣力和行為達到高度的融合和統一，什麼時候就達到了心意這一層次的功夫，也就是達到了一個較高的太極拳功夫了。在此基礎上，動靜相依，拳功結合，煉內丹而求得生命之根本——太極，進一步則可由此再探虛無之境。這三層高級功夫分別是：心意之功、內丹之功、虛無之功。

不斷的凝聚，不斷的和合，逆轉生命發散的道路，合外形，合氣力，合意氣，使形體、內氣和心意合成唯一，太極之功畢矣。

實現太極拳功夫具有幾個方面的技術手段，包括：

1、拳架和樁功法

兩者皆可動可靜，動中求靜，靜中求動，動靜相摩，激發凝聚。

2、推手和散手法

這是引入外來因素來激發調整內氣和心意的法門，要求發散中求收斂，動態中求中定，時時刻刻，不論環境如何皆能神閒氣定，是為拳藝大成，此時精滿而氣足。

3、靜功法

不論立、坐、臥，根據個人情況而採取哪種方式，一般採取坐勢較多，稱為「打坐」。

一種姿勢要長時間保持，最終忘掉姿勢的存在，忘掉身體的存在和一切的存在，始終保持有意而又無意的狀態，最終現出是為「真意」，真意凝聚在氣穴，從而可自由調動體內元精和元氣。

4、丹功法

元精為坎，元氣為離，坎離交媾，反覆其道，震雷電光，一粒丹成。

5、無功法

凝神過玄關，進入虛無世界，再由此一竅而返回現實世界，打通現實世界和虛無世界的通道，自由往來，逍遙自在。

第三章

侯氏太極拳概述

一、侯氏太極拳的內容和特點

侯氏太極拳完整和系統地保留著張三豐祖師所創太極拳的原態，最具武當內家傳統特色。在理論上，具有張三豐、王宗岳以及歷代太極宗師們的拳經、拳論、秘訣、歌訣、拳譜；在技法上，具有完整的二十四種太極拳勁法，是傳統的武當正宗絕技，其上乘功夫具有哼哈二氣凌空勁的無形彈放；在養生健身上，具有內外五行理論和內外修煉功法，可達養生延年之目的。

侯氏太極拳的特點是：剛柔相濟，含而不露，輕靈圓活，上下相隨，隨曲就伸，後發先至；順勢借力，四兩撥千斤，巧擒妙拿，冷捌彈發，以靜制動，以寡禦眾，令犯者應手即撲。

（一）「以意承先」的元神意念活動

侯氏太極拳特別強調太極意念，認為意念為武當內家功夫之本。然而此「意」並非後天之思維，也不是語言

邏輯之思維，是超越語言和邏輯的潛意識思維，誠如中國古代道家之「識神退位，元神主事」，這是一種生命靈魂的深層次感覺。無論靜也罷，動也罷，全神貫注，聚精會神，深入體會鬆靜安適狀態下的感受，特別是全身心高度協調狀態下的感受，是為元神之態，也就是武當太極內功之態。其時心身合一，拳自心出，意自性發，無窮感應，有感皆應，在這種獨特的意念支配下，則內氣運轉，因循為用，自然會出現順勢借力，引進落空，四兩撥千斤之行為，其架勢才能鬆靜平穩，中正安舒，其動作才能輕靈圓活，以柔克剛，巧採妙拿，抖捌彈發，冷脆快狠，發人於無形。

具體練習中，首先要體會拳架的高度協調性，一動百動，身心合一，上下相隨，剛柔相濟；其次在推手時要專注於潛意識聽勁功夫，意感無窮，有感皆應，時刻捕捉雙方力量的細微變化；再次在實踐中精神集中，高度控制，拳自心發，隨機應變，將對方的千斤之力瞬間化解，同時順其自然鎖扣對方關節，一招制敵；最後在日常生活的「行、住、坐、臥」中，常有意念存乎心，使太極意念生活化，數年之後，則純功運化，任用自然，而達隨心所欲之境。

（二）符合易經陰陽之道的三合一全息系統功夫

六百年前，張三豐祖師反覆揣摩易經、陰陽、八卦、太極圖，終於悟出了拳法的真諦，太極拳無論就其理，就其動作，就其應用，均合易經陰陽太極之理。

易經者，乃中國百經之首，是中國古代一萬年前中華之始祖伏羲氏「仰觀天象，俯察萬物，遠取諸物，近取諸身」，而以形象思維之方式構成的一個栩栩如生的世界根本規律之大經典，其中的太極圖具有陰陽兩魚，首尾相接，動態曲線變化，恰如其分地勾勒出了一個對立統一的太極陰陽規律示意圖。

世界最根本的規律是對立統一的規律，太極圖就完整準確地體現了對立統一規律。在中國古代哲學範疇中，進退、陰陽、動靜、剛柔、鬆靜、虛實、左右、顧盼、上下等等說法，都體現了中國特色的話語把握與語境感受，故而在太極拳每一個動作中，每一個姿勢中，每一個意念中，每一個感受中，每一個應用中，都可以領悟並把握這種陰陽太極對立統一的規律。

不僅如此，又因為易經是一個涵蓋宇宙、人生、社會的認識全息系統，也就是，易經包含著世界的萬有資訊，故而，符合易經陰陽之道的太極拳也屬於一種全息系統。所以，判斷一種體育運動方式，判斷一種鍛鍊身體方式，判斷中國古代一種優秀的武術功法，應以易經的全息系統思維來予以解讀。

侯氏太極拳最突出的就是拳架、推手、散手三位一體的全息系統，三者具有完整的全息性。拳架即推手，即散手，因而在練習拳架（俗稱跳架子）的過程中，同時也就練習了推手與散手。

在中國武當傳統太極拳的歷代傳人中，將這種「三合一」的全息特徵稱之為「金不換」，意即黃金也換不來的

「三合一」資訊系統。「三合一」之說，充分說明了侯氏太極拳具有中國優秀的文化內涵精神，武當太極內功的全息系統功夫是我們中華民族的瑰寶之一。

（三）集中國武術精華之大成

中國武術，博大精深，源遠流長，自三皇五帝、夏、商、周、秦、漢、唐、宋朝幾千年的發展，英雄輩出，後來居上，一代更比一代強。到了元代，張三豐祖師在繼承少林武功及諸家門派的特長優點基礎上，在總結幾千年中國武功精華的前提下，將易經、陰陽、太極和洗髓經思想與武術進行整合，集前人武功之大成而創造出更高水準的新一代中國武術——太極拳。

但是三豐祖師所創太極拳在六百年來的傳承中，一直不示於人前，保持著秘傳狀態，其被視為「金不換」，歷代繼承人在自家院內或屋內秘練。對於侯氏太極拳功夫，前輩有詩為證。

詩云：

> 太極三合一，承架傳授稀；
> 練架軟如繩，蔿手活如龍；
> 散打出手快，進退活步行；
> 五行相生剋，動作快如風；
> 不動如山岳，動比鵝毛輕；
> 身形微一動，打人不見形；
> 出手軟如綿，變拳硬如釘；
> 蔿手心要狠，出錘如山崩；

對準發落點，捶捶不落空；

進退還要快，踢端勾掛蹬。

（四）「急毒不覺」的實戰心態

1.急

急者，快也。與敵交手，首先要快，快到「迅若閃電，快若疾雷」，令敵措手不及，無法防範。本拳法之「快」，又與其他拳法不同，本拳不以一拳一腳，一招一式之快為快，而是以整體變化之快，最短路徑之快，意念變化之快為快。

而欲達此目的，在拳架訓練時，必須在全身放鬆的前提下，用意不用力的長期訓練，才能漸悟「極柔軟然後極堅剛」，「緩慢圓轉而後有閃電手」之意。

拳譜云：「出手要火」，「出手似紅爐鐵」，「出手令對方膽戰心驚」，「出手令對手一如觸電」，故而，與敵交手，聽勁感受到對方的弱點阻滯處，則迅即以迅雷不及掩耳之速全力擊之，則必勝之無疑。所謂「人不知我，我獨知人」，「知己知彼，百戰不殆矣」。

2.毒

侯氏太極拳之習練不是為體育競技而練，從明代至今，其直接目的就是要克敵制勝，戰勝對手，因此，其潛在規則即在於簡單、方便、快速地戰勝敵人，瞬間制敵於無形，特別在生死搏擊中，一招制敵，令敵死、傷、殘，

因而任何一招在局外人看來，都過於狠毒。

當然，今天我們學練太極拳，主要為了健身防身，但在與歹徒搏擊中，仍不失為一種高水準的自我防衛手段。具體來講，「毒」表現在：

（1）意　毒

侯氏太極拳拳架與應用處處體現「心與意合，意與氣合，氣與力合」，「心到意到，意到勁到」，在與敵鬥爭時，意念必須狠毒，一招即致敵於慘敗，「不招不架，就是一下」，意與招合，意與勁合，必能奏效。

（2）招　毒

侯氏太極拳的每一招，招招獨特、厲害，每招一旦用實，後果不堪設想，足以致敵以傷殘死地，這充分體現了技擊殘酷的一面，而獨有的上中下三盤二十四秘法，都是令人望而生畏的招法。很多本門弟子在試招後均感心有餘悸，這體現了侯氏太極拳技法之巨大威力。

以上所說之招毒，在實戰應用時應從兩個層次來理解：

其一，如以武會友，友誼切磋，則應小心謹慎，點到為止，對方略有感受，即可收手。

其二，如與歹徒生死搏鬥，則意毒招毒，令對方應手即仆，或致傷殘。不到萬不得已，不可輕易啟動，以防誤傷他人。

中國侯氏太極拳講究練武者應有武德，「練武先練德，練功先修心」。故本門選徒極嚴，有「十不授」之規矩，如其人心狠手毒，滿臉殺氣，心懷叵測，心術不正，

品德低下，胡作非為，不懂禮貌，缺乏人情者則堅決不能授予之。對收徒弟要多方考驗，凡違背師門教訓者則應將其清除出本門，唯恐其挾技自逞，危害社會，有辱師門。故大丈夫行走江湖，必以德為先，誠如老子《道德經》所言，「上善若水」，無德者遠離大道矣。

3. 不 覺

不覺者，令對方不知也。要做到「人不知我，我獨知人」，全存乎一念也，此點不僅是一個拳技問題，更重要的是整體太極拳的意念感受水準。

首先，要使對方不覺，則須要輕、柔、軟、鬆、空、靈，而且身手要快，要敏捷。

其次，欲使對方不覺，關鍵在於懂勁，能剛能柔，能鬆能緊，隨曲就伸，捨己從人，沾連黏隨，不丟不頂，在對方完全沒有察覺的情況下，將對方引入陷阱，令對方勢背而瞬間落空，沒有先兆，毫無感覺，怎樣被擊出，對方則一臉茫然。

正所謂「打重不如打輕，打輕不如打空」，於談笑風生間，強敵灰飛煙滅，於毫無準備時，令敵拔根而騰空飛出丈外。正是：「承架絕技世罕見，放空擲敵心膽寒」。

(五)「騰、截、空、放」的戰術運用

「騰、截、空、放」為侯氏太極拳的總體戰術運用，充分體現了武當派功夫的內功心法。

騰者，乃技擊迎敵變化之道，它體現全身各部位之間

67

的凹凸、起伏之騰落變化，如手出則肘收，肘出則手回，這樣的騰落作為一種全息關係可以應用到全身整體與每一個部落，它反映盈虛、進退、顧盼、左右、虛實的對立統一變化性，利用這種騰落變化，以閃電速度而使對方落敗。

截者，截住對方來勁也。如對方剛一展手要拿己之手腕，己則搶先截住對方，而反拿住對方手指。這種截法作為一種全息手法，可整體用，可局部用，在每招每式，身體每個部位均可截住對方，令對方無法施展自己而終以失敗告終。有了此法，任憑對方如何出手出拳出腳均被截死，所謂以不變應萬變之策也，這也充分體現了「彼不動，己不動；彼微動，己先動」之戰術原則。

空者，令對方進入突然的全空狀態，連根拔起，陷入真空，鮮有不失敗者，一者使對方的所有攻擊落在空處，二者使對方整個落入空中，這兩者結合起來連環使用，是為「打空」。

放者，一為在對方進攻拿我時，我順勢而放下，對方必定落空；二為我使對方勢背，因勢利導，上下相隨，將對方放出，故而，放即為防守，也為進攻，是為防守與進攻的對立統一。

（六）「和合凝聚」的進攻方法

和者，融合也；合者，凝聚也。融合全身心，凝聚精氣神，即「內家真力」。

「和合凝聚」是修煉內家功夫的根本秘訣，中國諸門

功夫歸根結底都要透過此法而修煉成功。德國現代偉大的思想家哈肯以「協同論」思想而聞名於世，形成了一種獨特的現代科學思維，宇宙、人生、社會萬事萬物唯有事物之間以及其內部諸要素之間高度協同，才能正常發展並達到高水準狀態。

對人體修煉而言，如果身與心合，手與足合，肩與肘合，腿與膝合，上與下合，前與後合則能產生巨大的力量。科學家從理論上證明，人體所有的細胞如能全部高度協調，可以發出 25 噸的力量。侯氏太極拳高度重視全身心的協調性，故經多年習練者，其協調性遠遠高於常人，其太極功夫一旦展示，則令人歎為觀止。

（七）「套封叉閉，刁拿鎖扣」的獨特擒拿手段

套者，是將對方套住，或曰讓對方入己之圈套；

封者，封住對方回路與退路，讓對方無路可走；

叉者，以己手臂或腿腳叉住對方，令其無法運動；

閉者，封鎖對方一切路徑，唯有束手就擒；

刁者，在雙方快速運動中，一下子要刁住其手腕；

拿者，隨時以己之手拿住對方的手指、手掌、手腕、肘彎之處；

鎖者，猶如一把鐵鎖將對方身體之某一部分鎖住；

扣者，反其關節，令對方關節疼痛而跌倒在地。

侯氏太極拳制人的最大特點是擒拿對方。雙方一搭手，一秒鐘將對方制住。這種擒拿法常常把對方一下子就別死了，令對方一點也沒法動，還感到局部關節突然間的

劇痛。

　　但習練本拳者，不僅要求善於鎖拿對方，瞬間制敵，還要求同時同步能化解對方的一切擒拿與進攻手法，更重要的是在化解對方擒拿攻擊的同時，將對方反拿住，反鎖住，使對方在進攻中突然陷於失敗。

（八）「只進不退，打虛中實」的進攻方略

　　「只進不退」是侯氏太極拳實戰搏擊的一個重要特點。大凡世間各類武功搏擊，有攻有守，有進有退，而侯氏太極拳卻獨以其「只進不退」而與眾不同，乍一看，似乎不合情理，其實這才體現了高層次水準的搏擊手段。

　　為何只進不退？因為侯氏太極拳能於瞬間化解敵人的所有攻擊手段，同時令對方最凌厲的攻勢演變為對自己的最大威脅。

　　在侯氏太極拳的眼中，對方越兇猛，越用力，則反擊力越大，對彼之損害也越大。搏擊到了這種境界，已無所謂「打」，無所謂「化」了，「打即是化」，「化即是打」，「連化帶打，化中帶打」。這種化打合一的打法，必定不用後退，而只管向前，令敵應手即仆。正所謂「英雄所向無敵，蓋皆由此而及也」。

　　「打虛中實」之要訣在於「打不准不打，打不狠不打，打不死不打」。這裡的「死」字，其意在於敵我搏擊時，我所感覺到的敵方無法化開的阻滯點，亦即死點。雙方交手時要以聽勁為先導，在令敵方不覺中找打擊處，能處處控制對方，使其死點無法化解，正如歌訣曰：「對準

發落點，捶捶不落空」，其發落點，即死點。

（九）「剛柔相濟，鬆靜互根」的勁道變化

中國古代的《易經》認為，世界上存在著兩種互不可分而又互相對抗的力，即陰與陽之對立。陰陽對立統一之變化發展，構成世界萬事萬物及其變化發展的根本規律。中國太極拳以《易經》陰陽為其理論基礎，體現了《易經》博大精深的思想。

在侯氏太極拳中，要求動靜、剛柔、鬆靜、虛實同時兼備，處處符合太極陰陽之道。又要陰不離陽，陽不離陰，相互聯結，相互作用，相互貫通，相互滲透，相互依存，相互轉化。

練拳者，在練太極內功勁道時，尤以剛柔、鬆靜為其主旨，首先要達同時兼備的感受，其次要達到剛柔摩盪，鬆靜相宜的懂勁地步，最後達到忽陰忽陽，陰陽無蹤可尋的神明階段。因此，練太極拳，不能偏於柔，也不能偏於剛，而應剛柔相濟；不能偏於鬆，也不能偏於緊，而應鬆緊互根，缺一不可。否則，即違背了陰陽太極之理。故而，在太極拳的勁道變化訓練中，要在剛柔、鬆靜之變化中方能悟出。

太極之勁，說有就有，說無就無，隨屈就伸，變化無方，隨心所欲，方為正道。能做到有剛有柔，有鬆有靜，則可知天地萬物之理，生靈運動之妙。非此而不能知侯氏太極拳功夫之本也。

（十）雙手始終間距一尺的「尺寸架」

侯氏太極拳無論在拳架練習中，還是在推手、擒拿、散手的應用中，自己的雙手間距始終保持在一尺左右。為什麼要這樣做？

因為該拳的實戰意念很強，始終集中在擒拿對方的小臂上，而大多數人的小臂長度（自手部到肘部）基本上在一尺左右，故久而練之，出手便能制住對方小臂，既拿手指手腕，同時又拿對方肘部關節，對方必定疼痛難忍而撲倒在地，束手就擒。

（十一）「三盤秘訣，二十四法」的太極實戰訣竅

中國武當太極拳在六百年的歷史發展中，自張三豐祖師及後來歷代名師們的不斷完善與發展，在實戰功夫上已形成了獨具特色的完整體系，其理論與技巧充分體現了中國太極功夫的上乘境界，主要內容即「三盤秘訣，二十四法」。

1.上盤八法

掤、捋、擠、按、採、挒、肘、靠。

（1）掤。拳譜云：「掤在手臂」，「掤在撐」。掤指由裡向外的力量，此為太極拳的基本功夫，在拳架、推手、散手運用中，掤勁無處不在處處在，無時不有時時有。掤勁貫串於所有招式的全過程。

（2）捋。拳譜云：「捋在掌中」，「捋要輕」。捋

有順對方來勢輕帶指引，使其在不知不覺中落入陷坑中之意。順勢借力，引進落空，順手牽羊，四兩撥千斤。

（3）擠。「擠在手背」，「擠在身臂」，「擠要橫」。擠有逼迫中搶位之意，使對方失去平衡而栽跌。在擠法中應處處體現螺旋力，使對方之接觸點遇著螺旋即被分旋，身不由己而後跌。

（4）按。「按在中攻」，「按在腰攻」，「按要攻」。「打人須貼近，手到身要擁」。按法在形式上雖表現為以手推按，但仍貫穿以全身之整勁。特別是身要擁，腰要攻，氣沉丹田，形成了一個周身的完整勁，沉著冷靜，且有撐拔之意。訣曰：「根節切，梢節發，中節齊到生妙法」。使其腳跟離地而騰空跌出。

（5）採。「採在十指」，「採要實」，採即抓拿擒制對方。訣曰：「採在十指要抓牢，其妙就在把擰中」。採拿法即反關節法，使對方之關節超過必要限度而產生劇痛，全身僵滯，欲動不能，身不由己。重者分筋錯骨，扯裂肌肉關節，誠如拳譜所云：「直中求曲採法精。」

（6）挒。「挒在兩肱」，「挒要驚」，「來勢兇猛挒手破」。挒時先鬆後靜，如槓桿之撬動，迅猛如閃電，完全是反關節之打法，且主要針對肘關節。其效果可使對方手臂立折，抖斷無疑。

（7）肘。「肘在屈使」，「肘要衝」，「肘打隨時任意行」，「遠用手，近用肘」，「寧挨一拳，不挨一肘」。肘可打擊要害部位，如肋下、窩內、搗心、頂心、背心、腦後肘等。

（8）靠。「靠肩背胸」，「靠在肩胸」，「靠要崩」，「遠拳、近肘、貼身靠」。靠人的特點是短促有力，靠整體勁的撞靠壓砸結合才更具效果。

2.中盤八法

起、落、進、退、騰、閃、圓、轉。

（1）起。「起在足心」，欲要向上，必寓下意。全腳掌著地，但五趾始終抓地，百會領起，精神提起，方顯神威。

（2）落。「落在窩中」，蓄在丹田，下沉上懸，身法自然。古傳云：「太極勁法妙無窮，其妙都在窩中存。」落要落得輕靈，輕穩實在，不可動搖。

（3）進。「進在分宗」，「進在雲手」，意到身俱到，意從心裡起，手向鼻尖落，發人如彈丸。

（4）退。「退在轉肱」，轉換腰中，有進必有退，進退要適中。古傳云：「打死不後退，後退必打人。」如倒捲肱即是退中必打之法。

（5）騰。「騰在柔韌」，輕靈圓活，變轉輕快，必須抬之即起，按之則落。氣沉丹田，鼓盪騰升。

（6）閃。「閃開正中定橫中，其閃定有隙」。含胸縮骨，吞吐避讓，閃展騰挪。

（7）圓。「圓在轉軸，活在其中，不凸不凹，中正安舒，不丟不頂，活轉適中，恰到好處。

（8）轉。「轉在腰際」，轉必用腰，腰乃周身之軸心，是調劑周身平衡之樞紐。「刻刻用意在腰際」，腰為

「第一主宰」，以它帶動四肢並協調身姿而動轉，主要在於發展先天之源而固後天之本，有健身強體，提高技擊技能的巨大功效。

3.下盤八法

纏、跪、挑、撩、劈、壁、掛、蹬。

（1）纏。「纏在鬆盤」，如藤纏繞，沾連黏隨，捨己從人。

（2）跪。「跪在膝中」，要橫豎找，貴在用意，曲中求直，蓄而後發，落點準確。

（3）挑。「挑在梢尖」，猶似翹板，根節鬆沉，梢節彈升。

（4）撩。「撩在順填」順撩填空，旋轉引空，使其失中。

（5）劈。「劈在直崩」，欲劈先鬆，橫豎間用，冷脆快準。

（6）壁。「壁在立根」，主要制根，貼身寸進，無堅不摧。

（7）掛。「掛在勾環」，黏貼帶回，剛落即用，腳到成功。

（8）蹬。「蹬在展跟」，妙在胯根，蹬踏結合，其見彈功。

（十二）「哼哈二氣，凌空彈放」的上乘境界

哼字在練拳時可使氣沉丹田，內氣穩固；在實戰時可

爆發向下的力量。哈字在練拳時可使內力向外，在實戰時可爆發突然的驚炸之力。

哼哈二氣其實不用真的發出聲音，其本質是一種內在功夫感受，當然如果真的喊出聲音，亦未不可，效果一樣，但太極者，乃武當之內功，只要存乎一心之意念即可，故而無論練拳還是實戰，均不必喊出聲音，只要意念感覺到位即可；也不必過於濃烈勇猛，只要有感即可，長期訓練，可練成太極內功之驚炸爆發力。

凌空彈放之本意在於每一招式實戰之運用，均可使對方在瞬間於毫無準備的情況下掉入真空，對方突感身一空，暗叫不妙，但為時已晚，一下子就撲倒在地，或被彈放而致飛出丈外。這即是一種技術、技巧，也是一種功夫，而且是上乘的功夫。

對於哼哈二氣內力的掌握和能將對手彈放的功夫，侯氏太極拳的內涵精神則達到了中國武術功夫的上乘境界。

總之，侯氏太極拳與眾不同。

從拳架來看，不大不小，不高不低；從速度來看，不快不慢，不急不緩；從力度來看，不緊不鬆，亦剛亦柔；處處體現圓形運動，時時回歸太極圖形；來回運勁，動作折疊；有張有弛，有動有靜；最適合訓練內勁，尤擅長擒拿格鬥；上下相隨，一動百動；以意承先，形鬆意緊；心到意到，聚精會神；意到勁到，全神貫注；極柔軟然後極堅剛，極緩慢然後極神速；身如陀螺，不著任何力；形似清風，瞬間無影蹤；心似白雲，常感自在；意如流水，任其東西；借假修真，一點靈氣起丹田；脫胎換骨，全身無

處不太極；在無思無為中以觀其竅，於放鬆安靜裡以觀其妙；識神退位，元神主事；圓形運動，易己之筋骨，周天運轉，洗己之內髓；恬淡虛無，真氣從之；精神內守，病安從來；天道、地道、人道，我居太極中，小我、大我、無我，四大原皆空；無極太極，無中生有；兩儀四象，變化無窮；強身健體，益壽延年；防身搏擊，逢凶化吉；天長日久，患者恢復健康；持久修煉，重登健康平臺；技擊熟練，四兩撥千斤；借力使力，化解萬斤力；人不知我，我獨知人；捨己從人，隨心所欲；沾連黏隨，不丟不頂；隨曲就伸，全身中正；虛靈頂勁，含胸拔背；沉肩墜肘，內氣鼓蕩；侯氏太極，妙不可言，平凡簡單，深不可測；終生學習，收益無窮；博大精深，太極文化。

二、侯氏太極拳的養生健身價值

1.保證健康的各種因素

　　健康和長壽是我們人類所追求的一項極其重要的生活目標，有了良好健康的身體，人們才能夠具有良好的生活品質，才能更好地享受生活，才能更多地為社會及為自身創造財富。

　　要具有一個良好健康的身體，需要具備安全、穩定、清潔的社會環境和生存環境，合理的膳食營養，愉悅的心情，良好的生活習慣及合理的運動。

　　運動對我們的健康和長壽有重要的影響，有許多運動

形式是不符合我們身心健康的，對我們的身體都是有害的，而只有合理的運動才能對我們的健康有利，太極拳運動就是最符合養生健身規律的高級運動。

人的身體健康取決於身體內部的陰陽平衡和與外界環境的適應平衡。

陽，是身體中的熱能、神經運動的控制、血液流動的推動和控制、新陳代謝的調控等能量及其控制作用，調控和控制功能的根本是先天腎陽，能量的補給並輸送到全身各器官主要取決於脾臟和肝臟；陰，是身體中的器官、組織、血液、水液等有形的物質形態。

陽和陰這兩部分互相依賴、緊密結合，在品質充足且相互平衡狀態下，就具有身體健康。

2.導致疾病的關鍵原因

人的生病就是因為身體中的陽和陰這一平衡關係遭到破壞，或者是因外界環境的變化而導致身體陰陽失衡，或者是由於情志因素或不良生活習慣而導致身體陰陽失衡。

身體的陰陽不平衡有兩種情況，一是全身整體性質的不平衡，一是身體局部性質的不平衡。造成不平衡的原因可以歸結為陰或陽的缺乏和瘀滯。陰的缺乏會造成陽盛的局面，陽的缺乏會造成偏陰的格局。陰或陽的缺乏主要還是由於瘀滯所造成，特別是陽滯這一因素，往往是疾病產生的主要矛盾方面，所以通陽和化淤是解決瘀滯的主要方法。

比如脾胃，陽氣充足就能很好地消化食物，但如果受

情志因素影響，使肝膽的調控功能發生淤滯，則脾胃系統的陽氣輸布就會減弱，造成不足，從而影響消化功能，接下來的連鎖反應就是全身整體的能量獲取不足。若不及早糾正，就會造成惡性循環，其他各器官陽氣供應的不足，就會引發陰方面的瘀滯，而導致嚴重疾病。

3.太極拳是促進健康的最佳運動

太極拳是一種由意識來求取陰陽平衡的運動，他是動中求靜，即陽中合陰；靜中顯動，即陰中現陽，由意識對身體的動與靜、重心及力量的虛與實等諸多身體運動因素的調控，來獲得身體內在和外形的陰陽平衡，所以由一個時期的太極拳習練，就能夠去除或改善身體中的瘀滯情況，使身體的陰陽逐漸趨於平衡，從而使身體疾病狀況得到改善，最終獲得健康。

侯氏太極拳的健身作用是十分獨特的。若能堅持每日認真練習，則對於強身健體、去除疾病有著明顯的作用。

在習練太極拳過程中，應該努力做到體鬆心靜，思想集中，動作力求輕柔鬆活，順其自然，舒展大方，氣勢完整，這樣能使練拳者產生渾厚的興趣，從而也就在太極拳訓練中消除了對疾病的焦慮心情，排除了種種煩惱情緒。

所以，堅持練太極拳，最終會體會到，練拳不是一種負擔，而是一種享受，是一種人生的高級享受。每次練完拳後，全身感到輕鬆舒適，身心有種種說不出的美感與快感，心情的愉快是太極拳所起到的又一種保健作用。

4.太極拳放鬆的健身效果

太極拳習練中的放鬆，有利於引導大腦的入靜，而大腦的入靜，又有利於全身的放鬆。人們在日常的工作與生活中，總是處於快節奏的緊張之中，從早到晚，大腦始終處於各種各樣的刺激中，容易引起緊張與焦慮狀態的產生，其結果不利於五臟氣血的休養生息，久而久之，就會引起體力消耗和體質下降。太極拳強調放鬆安靜，正是糾正上述不協調的極好方法。

長期堅持放鬆安靜地練習太極拳，會使習練者進入一種「恬淡虛無，真氣從之」，「百慮俱消，物我兩忘」的獨特境界，在天人合一的感受中進行一種行雲流水般的、渾然一體的運動，人體自然會對外界的各種不良資訊刺激進行遮罩與過濾，人體將進入一種最佳生理狀態，大腦將進入一種功能協調的良性自我保護抑制狀態，各種內分泌自動會達到協調適中狀態。

太極拳訓練有素的人，不僅在練拳時會進入這種良好的身心狀態，而且隨著練拳水準的提高，也會把這種身心狀態帶進生活裡，做到時時處處心平氣和，精力充沛，胸懷豁達，遇事不亂，從肉體到精神，從生理到心理都得到徹底地改造，自然能達到強身健體，益壽延年之功效。

人在嬰兒階段，其身體各部位都是非常鬆活柔軟的，身心充滿著無限生機。一旦到了老年階段，身體就會變得緊張僵硬，生命之生機迅速開始衰微。太極拳強調身心放鬆，而放鬆身心正是引導人們返老還童，延緩衰老的有效

措施。

5.太極拳的技術與健身養生要求的一致性

頭頂懸，下頦內收，可以使頭部端正地安置在頸椎上，運轉自如，又便於提起精神。立身中正，使全身脊椎安適正直，平衡自如。含胸拔背，沉肩墜肘，既可以保持全身的圓活，又便於使肩臂放鬆，以肩帶肘，以肘帶腕，從中心向外運動，以達到力由脊發的要求。

以腰為軸意義重大，因為腰是命門之所在，人體重心之所在。古人將下腹部稱之為丹田，認為丹田是人修煉元氣的根本所在。

從運動的角度來說，身體的重心穩實不僅能使身體安如磐石，而且也容易調動內氣，使上下左右的活動都能柔圓，靈活自如，使胸腔、腹腔及各個臟器在外動與內動中受到極好的鍛鍊。

太極拳十分重視腿上功夫，無論是馬步、弓步、仆步都講究虛實轉換變化，使雙足成為力量的根基，運動時上虛下實，上如楊柳般舒展如意，下如銅鐘般穩固，加上虛實轉換，自然容易做到前進後退或左或右都能穩健轉化。如此，才能使我們在習練中行雲流水，渾然一體，節節貫串，一氣呵成。

這種連綿不斷，井然有序的運動，正合於人體陰陽平衡，氣血有序的健康生理要求。

太極拳運動要求呼吸做到柔、勻、細、長，即有節奏、有規律地吸進大量氧氣，因為太極拳採取的是腹式呼

吸法，透過橫膈肌的升降活動來擴大肺容量，所以，太極拳的腹式呼吸就吸進了更多的氧氣，是真正有效的「有氧運動」。這對於推動體內氣化，提高人體健康水準意義重大。

同時，太極拳的立身中正，以腰為軸，含胸拔背，沉肩墜肘等姿勢，也都可以使胸腹部處於良好的生理位置上，並有利於發展橫膈肌的升降活動，有利於加深加長腹式呼吸，從而達到健康的目的。

太極拳運動透過調身、調息、調心的有序活動，有力地增強了人體的抵抗能力，維護了人體的陰陽平衡，鞏固了有序的穩定狀態。正所謂「恬淡虛無，真氣從之；精神內守，病安從來？」而達到「正氣強者，邪不可干」，同時也體現了「聖人不治已病治未病」的防範原則。

從社會角度來看，練太極拳者心理穩定，胸懷坦蕩，對於各類社會刺激，也能坦然面對，泰然處之，不至於因「七情」過度而損害健康。

6.養生之本──無極態

浩浩一萬年，漫漫華夏史，形成了百花爭豔的各類養生修煉之法。從佛家的參禪悟空，到道家的性命雙修；從儒家的養浩然之氣，到醫家的治未病；林林總總，蔚為大觀。今天，我們總結並繼承這一份珍貴的文化遺產，對於增強人民健康，弘揚傳統文化，振興民族精神是一項十分重要的工作。

佛教禪語云：「百千法門，同歸方寸；河沙妙德，總

在心源。」雖然自古以來流傳下來的養生方法有千千萬萬，但刨其底，究其根，中國古代養生方法的根本，則在於無極內功狀態，即無極態。

　　無極態是人在內功修煉時的一種特殊身心狀態，這是只有內功修煉者才能體會到的一種人生境界。一般人只有睡、夢、醒三態，統稱為日常態。而無極態則是有別於日常態的一種狀態，一般人因為不修煉內功，也就體會不到這種特殊的感覺，他（她）只能沿著生老病死的人生既定方向前進，隨著年齡的增長，正熵值逐漸增大，消耗日甚，身心狀況不斷衰老，一旦正熵值達到最大值，人就不可避免地走向死亡。

　　而從世界的東方產生的一種身心修煉方法卻成為中國人特有的一種人生價值觀，這種價值觀和西方自古希臘以來所形成的體育精神價值形成鮮明的對照，西方體育要征服，要拼搏，要競爭，要力量，要金牌；而中國古代的價值觀則認為，成功之時可能就是毀滅之時，要回歸，要返璞歸真，要後天返先天，要反觀內照，要恢復自我，要身心並重，要性命雙修。

　　用熵定律來解釋，這種內功修煉不僅不消耗，還會貯能，不僅不走向正熵值增大，還能不斷引進負熵流，使人的生化指標慢下來，停下來，甚至在某些方面逆轉，出現延年益壽，返老還童之象，老樹結嫩枝，而達到超越生命極限的目的。

　　西方體育帶來的結果是，金牌獲得了，卻往往帶來了一個傷痕累累的身體後果，有些甚至受了嚴重的內傷。肌

肉的健美比賽只是外在力量的顯示，而不可避免地帶來肌肉的勞損與萎縮。許多紅極一時，叱吒風雲的體壇名將則還在年紀輕輕的青年或中年時代就已告別了體壇，退休或搞其他工作。人如果過早和過多地輸出生命能量，必定導致未老先衰。

君不見中國古代以來內功修煉者，雖鶴髮而童顏，雖年老而愈加矍鑠，紅光滿面，健步如飛，年事日高而內功愈益精深，到老年階段才登上爐火純青之化境。

無數事實雄辯地證明了中國古代養生之道的獨特價值，故而，最根本的也是最高明的養生之道乃無極態也，即內功修煉中最根本的狀態。

因內功本身博大精深，種類繁多，有動功、靜功、佛家功、道家功、醫家功、武家功等諸門派之分，故各類功夫，來源不同，方法不同，效果不同，但所有的內功都有一個共同點，它們都根源於無極態，所以說，無極態乃萬功之本。

何謂無極？無極者，空無所有，一無所有，什麼也沒有的一種狀態。正如數字數到底，就是零，零者，空也。在遠古時代，伏羲畫八卦，至文王演周易，在《易經》六十四卦中的艮卦裡早已有「行其庭，不見其人」之說，即為空也。在《周易・繫辭》中則更開宗明義地指出：「易，無思也，無為也，寂然不動，感而遂通」，今人有不明《易經》與內功關係者，這句話則是最好的說明與解釋，其義顯而易見，仍為空也。

春秋時老子著五千言《道德經》，又提出了：「道生

一，一生二，二生三，三生萬物。」的主張，則與《周易》中「無極生太極，太極生兩儀，兩儀生四象，四象生八卦，八卦生萬物」的思想完全一致。簡言之，按著《道德經》與《周易》的說法，世界演化圖式乃「無中生有」。這個「無」，即無極狀態。戰國時代莊子的人生哲學，處處體現出一種返璞歸真，回歸無極的思想，並提出了「心齋」、「坐忘」等具體方法。

東漢時代，佛教傳入中國，特別是大乘佛教傳入之後，空宗思想迅速與中國本土思想融合起來，形成了十大佛教流派，而影響最大，登上人類智慧最高峰的則是唐朝惠能所發動的佛教革命：禪宗的興起，他將老莊之說與大乘《金剛經》思想水乳交融而化為中國禪。從「不立文字，直指人心」到「本來無一物，何處惹塵埃」；從「凡所有相，皆為虛妄」到「一切有為法，如夢幻泡影」。把「無極」概念發展到了最高水準。

後世宋元明清以降，無論各門諸派，三教合一的融合大趨勢形成了中國封建社會後期的文化大潮流，無極概念，深入人心，滲透於諸子百家，而為各門派奉為至本，所謂「根深方可葉茂」，無極於是成為中國一切武術、內功、養生之道的根本。

欲學功夫者，必先放鬆，安靜，進入無極狀態，無思無念，無相無住，或站或坐，或動或靜，均須由此而進。若不能從無極起步，則不能凝聚真氣於掌、指之間。

太極拳，無論哪派，起式均由無極式站樁開始，體現出無極生太極之妙。總之，沒有無極，就沒有中國功夫，

萬法皆始于無，萬功皆始於此。作為中國特色的養生之道，尤其應抓住這一根本大道。須知，一切法均是小法，一切道均是小道，只有無極之道才是根本大法，根本大道。

養生之本義，無非是儘量減少能量消耗，避免生命能量損失，同時力爭生化指標減慢甚至逆轉，這一切，只有在無極狀態中才能實現。

在無極狀態中，修煉者彷彿超越了現實世界，身心徹底放鬆，心平氣和，意靜神凝，呼吸平穩，勻長，細悠，直至胎息，似有非有，眼神內斂，視而不見，聽而不聞，逐漸鬆、靜、空、定，沒有語言，沒有邏輯，物我兩忘，一片模糊，「道可道，非常道；名可名，非常名。」「恍兮惚兮，渺兮冥兮。」

進入後天返先天的過程，不僅在潛意識深處，回到嬰兒狀態，而且回到母體之內，回到受精卵，再回到宇宙誕生的洪荒階段，回到宇宙奇點，這時，客觀世界與主觀世界似乎都不復存在，只剩下一個自我生命資訊點，這是最徹底的自我生命資訊回歸，也是一個修煉者所能做到的最高無極狀態，兩千六百年前，釋迦牟尼將這種境界稱之為「涅槃」境界。後來，從東漢的魏伯陽，到宋朝的張伯端，再到明清的伍沖虛、柳華陽，歷代高人皆在個體生命實踐中證實了這種境界。

真正的中國高功夫，必定是「心到意到，意到氣到」，「發於本心，出於性靈」，在高手眼中，「不求形骸似，但求神意足」，此「神意」，即發自於空無所有

的無極狀態，所謂「無中生有」也，但動後仍歸於靜，即「有歸於無」，這「無中生有，有歸於無」八個大字，道盡了無極與太極這對矛盾統一體的相互關係，無極生太極，太極歸無極，其根源，總在於無極。

數學上的零，看似一無所有，其實它包含萬有，所有的數字均須由它開始；宇宙的空，卻孕育了無數個銀河系和太陽系；人世間的無，誕生了每一個人；武術中的無，凝聚著破堅奪剛的內力功夫；養生之道的無，「恬淡虛無，真氣從之；精神內守，病安從來」，後天返先天，老樹結嫩枝，澆灌出了抗病防老，延年益壽最美的花朵。

每一個人，過去不存在，將來不存在，只有一次生命，不可多得。願我們珍惜我們的身體，安寧我們的心靈，愉快我們的精神，平衡我們的心理，常在無極狀態中，修補自我，恢復自我，認識自我；在有限的生命歷程中，感受肉體，感受靈魂，感受自我生命資訊，方不愧為有價值的人生。

三、侯氏太極拳的防身作用

在古代冷兵器戰爭時代，在近距搏鬥中的勝負要取決於武功的高低，所以武術在古代備受重視。拳術的發展在中國的宋代就達到了一個繁榮鼎盛的時期，太極拳的產生和發展也脫離不了這種時代背景，所以拳術是根源於搏鬥，這是歷史的實際。

當今時代，工業技術昌明，戰爭的武器日益發明，花

樣不斷翻新，戰爭中的近身搏鬥已不是主要形式了，況且和平建設時代，解決人們之間的仇怨糾紛不是靠生死搏鬥，而是依法辦事來解決問題，那麼學習搏鬥武術還有意義沒有？這是大家比較容易產生的問題。

我們的國家還處在經濟發展階段，各地區經濟發展不均衡，各階層人員收入差異較大，這都會產生社會中的矛盾和糾紛，社會治安也存在一些不安定因素，鑒於這樣的情況，如果能掌握太極拳術，用作自身的防衛，以備不時的急需，則是很有必要的。

沒有遠慮，必有近憂，這句古語也提示我們在這些問題上應該作恰當的考慮和準備。

太極拳本身就是一門防衛性的拳術，人不犯我，我不犯人，人若犯我，遇到太極拳他就會失敗。太極拳強調意識在拳術中的重要地位，意在先是迫敵就範的關鍵所在。是動作快還是意識快？當然是意識快，所以意識佔先，就能克敵制勝。這就體現了王宗岳先師所言：「人不動，己不動，人微動，己先動」，這就是太極拳能夠在防衛中取勝的關鍵。

防衛是化解敵人的進攻，並且保留打擊敵人的手段，視情況可使用這些手段，並將打擊敵人寓於化解敵人的進攻之中，這正是太極拳的高超之處，能即化即打，是因為掌握了太極拳中虛實變換的技術。

有人說：太極拳這麼慢慢騰騰的，這麼綿綿軟軟的，與那些剛猛的拳術相比，它能取勝嗎？對於這些人存在這樣的思想也不奇怪，因為人們一般所見到的只是些表面現

象，沒有認真接觸和練習太極拳，是無法瞭解到其內涵的。實際上，大家一般所見到的練拳者，大多是初學或還未入門之人，在初學階段，需要練好、練熟拳架，慢是一種訓練方法，柔和放鬆是克服以往日常習慣使用僵力的必要過程。

一是只有動作慢下來了，才能有效地建立起意識與動作的對應關係，最終做到意識對自身動作的隨心所欲地控制，比如對方以迅猛的動作擊打我，首先是能不能反應過來；其次是自己的意識能不能迅速有效調動自己的身體來應敵；再次是能不能在自己意識的控制下根據對方力量的方向和大小來迅速調整自己的動作，從而克敵制勝。要做到以上這幾點，就非要有一個「慢」的過程，逐漸將意識和身體動作糅合到一起，最終才能達到「快」。俗話說：慢練功夫快練熟，這也說明了「慢」和「快」之間的緊密關係，所以對快和慢要有正確的認識。

二是只有使自己身體放鬆下來，柔下來了，才能逐漸去除我們日常的僵力。僵力帶來動作的笨拙，是很容易輸給對方的，很容易被對方所制。由放鬆和柔的訓練，逐漸就能練成靈活的動作和渾圓的太極勁。

看事物還得要深入瞭解其本質內涵，太極拳就是要透過使用各種訓練方式和手段，包括初學階段的「慢」和「柔」，最終達到快如閃電、動若江河，剛柔相濟的真正太極功夫。

所以說，太極拳是世界上最好的防身拳術，是值得每個人來學習訓練一番的。

四、學習侯氏太極拳的過程及方法

侯氏太極拳主要內容包括：傳統承架七十五式拳架套路、推手訓練方法、散打套路和太極內功。

拳架是基礎，是鍛鍊自己的太極功夫和勁力。推手是拳架動作在實戰中的應用，是對自身勁力和對方勁力的體悟，由此掌握對勁力大小和方向的感應。推手功夫的高低要靠拳架練習和積累，拳架正確與否要通過推手來體會和糾正，推手動作寓於拳架之中，故有「拳架即推手，推手即拳架」之說。散手是推手的應用，是實戰演練。太極內功是增強太極功力的基本功。

訓練的過程即如王宗岳先師所言：「由招熟而漸悟懂勁，由懂勁而階及神明。」先將拳架練熟，然後進行推手訓練，以推手訓練而達到懂勁。拳架和推手相輔相成，可以推手來檢驗拳架動作是否準確，再以拳架來進一步提高推手和散手實戰的水準，由此逐漸體會揣摩，最終達到隨心所欲。練習當中要自始至終以意念貫穿，運勁如抽絲，勢斷意不斷，藕斷絲相連，以外形帶動內轉，然後由內動去帶動外動。

1. 拳架的學習和訓練

對於初學，首先應學習拳架，為便於記憶和練習，可將拳架分成數段來進行學習。在各分段中，先將每一式練習熟練，然後再將該段中各式串聯起來，最後將全部各式

串聯在一起，務必逐步熟練，將整個套路越練越熟，無有停滯、僵硬之處。在拳架動作熟練後，逐步學習領會各式動作的要領，達到輕靈和圓活。

在練習拳架的方法上，本門具有與眾不同的三種訓練方法，即快勁練法、剛勁練法和柔勁練法。其中，快勁洗髓，宜在早晨練習；剛勁練骨，宜在中午練習；柔勁練筋，宜在晚上練習。

拳譜中對此有詳細解說：「雞叫速起身，正是陰陽分，早上面朝東，練架快如風」，「中午陽氣盛，正是練剛勁」，「晚上月管陰，西方庚辛金」。

拳譜中對拳架練習的方式、時間、方位等有詳細的說明，太極拳的修煉規律與人體中的陰陽氣息生長收藏的轉換節律是完全相應和一致的，這就是太極拳能夠養生健身和提高功力的最關鍵所在。

實際上，拳架練習既是初學者的入門功夫，也是一種綜合性的訓練方法，它可集煉氣、健身、技擊技巧和功力訓練為一體，所以，即使只練習拳架，就可達到運動健身的效果，又能提高技擊水準，但這仍然只是學習侯氏太極拳的初級階段。

2.太極拳推手的學習和訓練

侯氏太極拳的推手具有其獨特之處，分為上下步推手和活步推手等。初學者首先要將上下步推手方法練習熟練。開始學習上下步推手時，先練習一邊（如右邊）的轉圈和步法，熟練後，再練習另一邊的轉圈和步法，然後將

兩邊的分圈合成一個完整的上下步轉圈。務必練習熟練，使身體上下相隨，逐步達到外三合：手與腳合、肘與膝合、肩與胯合，並注意不要用力，手、身、步俱要輕靈；還要注意沉肩墜肘、含胸拔背。這種由雙方你進我退、你退我進的上下步轉圈推手的方式就叫做推空圈。推空圈要作為基本訓練方式而反覆經常地練習。

在推空圈熟練後，就要透過上下步推手方式來校正拳架，並掌握拳架在推手中的勁路運用。

方法是：由一方給勁發動進攻，使另一方訓練如何化打對方勁力，你來我往，相互「餵招」。對拳架的勁路運用要一招一式地練習，反覆練習，熟練掌握。這樣，我們對拳架中的勁路就有了切身的體會和感受，再練習拳架時，就可以做到「無人當有人」，將推手意念融合到拳架的訓練當中。

在上下步推手方式練習熟練後，就可以練習活步推手方式了。活步推手方式接近散手實戰，透過推手雙方勁力的來往，可實現手、身、步全身一體的協調性和靈活性，從而做到使對方的勁力無法加諸於我的身上，這樣就達到了中級功夫。

3.太極內功的訓練和培養

俗話說：練拳不練功，到頭一場空。太極拳的功力一是在拳架和推手訓練中來進行培養，二是採用太極氣功方法來進行訓練和培養。

太極氣功要求以單獨靜功方式訓練，每天站樁一至兩

小時，務必天天堅持，日積月累，就能逐步培養出渾圓的太極功力。訓練的時間越長，功力就越強。

太極氣功由功架和功法兩項內容構成。

功架就是樁功的姿態，亦即樁架。樁架要求虛靈頂勁，沉肩墜肘，鬆腰裹襠，兩腳微內扣，體態自然。雖然身體的任何身架狀態均可作為功架，但為訓練某種功力的目的，選擇特定的樁架有助於提高該種功力的功效。

功法分為靜樁、意樁和動樁，三步功法可相續訓練。

靜樁是為達到身心健康、氣血正常運轉之目的，所以也叫健身樁，適合於初學者和一般健身者。靜樁方式要求是站好樁架，筋骨舒展，長時間保持功架功態，靜態守恆即可。靜樁堅持久之，自然血脈正常，體力充沛，精神煥發。

意樁是為灌注太極渾圓意念於功架姿勢之中，其方法是用意不用力，目的是訓練圓滿的太極渾勁。

動樁是在保持意樁功態的基礎上實施移動和圓轉變化。動樁練習的目的，是為化勁和發勁打基礎。

4.太極拳理論的學習和實踐

如果練習太極拳沒有理論的指導和貫穿，就會茫然而失去學習和訓練的方向。張三豐祖師、王宗岳宗師及其他歷代先師所總結歸納的太極拳理論，對我們學習太極拳具有極其重要的指導意義，不能輕視。

對太極拳理論的學習及在練拳實踐中對理論的體會和感悟，是學習太極拳的一個必經過程，只有將歷代先師總

結的理論和經驗化作自身的實際感受，才能夠最快地達到太極拳功夫的高境界。

　　張三豐「太極拳歌訣」和王宗岳《太極拳論》是太極拳的理論總綱，需要記誦和反覆琢磨體會；其次學習體會「侯氏太極拳體用歌訣」，對每一招式進行深入地研究和實踐；再次學習體會「太極拳九要論」；最後需領會「虛實訣」、「亂環訣」、「陰陽訣」和歷代宗師所著太極拳理論。最終透過太極拳的學習和訓練，以及研修《易經》和《道德經》而達到對「道」的感悟，將「拳術」昇華到「太極拳法」，由此可獲得對博大精深的中華文化的理解和感悟，使我們的自然觀、社會觀、人生觀提高到一個新的層次。

5.太極拳散手的訓練

　　散手訓練著重於太極拳技法和戰術方法，要訓練出冷、脆、快、狠的意念和動作，驚乍、彈抖的方法，和連環進招的戰術。

　　在手法上，學會擒拿抓閉、分筋挫骨、採捌折疊，學會順勢拿人、以拿還拿、以拿解拿，還要學會反關節制人及破解反關節的能力；在身法上，學會起落進退、騰閃圓轉、吞吐變化、避實就虛；在步法上，學會偷步進身、扣擺封勢、活步轉換、定步擊人。

　　透過侯氏太極拳上中下三盤二十四法（上盤「掤、捋、擠、按、採、捌、肘、靠」，中盤「起、落、進、退、騰、閃、圓、轉」，和下盤「纏、跪、挑、撩、劈、

壁、掛、蹬」）的訓練，使三盤功夫合為一體，練成周身皆太極、無處不太極的武當內家高深功夫。

6.侯氏太極拳學習訓練的層次和要求

侯氏太極拳上合天、下合地、中合人，是符合宇宙生命自然之道的養生、健身、防身之寶。若是養生健身，可於早晚各練三遍拳架，並練一小時空圈推手。

要嚴格按照早晨面向東方，快拳洗髓；中午面向南方，剛拳練骨；晚上面向西方，柔拳練筋的方法，還要經常訓練推手或散手。

就層次而論，拳技分為小、中、大三層功夫；勁力和意念層次分重、輕、空三層功夫。拳譜云：用重不如用輕，用輕不如用空。用重是指化解對方來力後，以較大的勁力將對方擊出的方法；用輕是指以柔性勁力化解對方來力，並用較小的勁力與對方來力產生合力，借力打力，將對方發出的辦法；用空是指周身無處不太極，虛實靈活，勁力莫測，發人無形，一觸即發，凌空彈發的高級功夫。這三層功夫從學習和訓練的時間上說，「小成三年，中成六年，大成九年」。

初學時要學練空圈，處處有圓，逢動作即成圓形，在圓之中變化無窮。太極拳是由無數圈組成的，有大圈小圈，千變萬化，都離不開圈，其奧妙即在虛實變化之中。初學者的動作，須慢而勻，以活絡筋骨為主，以柔氣活血為上，慢則能柔，勻則能活，練久才能得心應手。

動作上要求用意念不用拙力，「太極拳雖不用過分之

力與氣，而練習時全在意志。

　　唯其能用意志，所以能使其力蓄於內，不流露於外，氣沉丹田不停滯於胸，故習之既久，營之氣力愈大，急要時乃能運用自如」。

　　在練架過程中要求以內在的柔和之氣及意念控制下的動作來鍛鍊內勁，在松柔圓活的基礎上，進一步使身形、氣力、內勁渾為一體，練成軟如棉、滑如魚、黏如鰾、硬如鋼的內勁，達到「彼不動，己不動，彼欲動，己先知，彼微動，己先動，後發先至，人不知我，我獨知人」的太極境界。

第四章

侯氏太極拳拳架

一、傳統七十五式拳架套路的順序及名稱

第一式　起勢
第二式　金剛
第三式　攔紮衣
第四式　白鶴亮翅
第五式　單鞭
第六式　金剛
第七式　左白鶴亮翅
第八式　斜行
第九式　琵琶勢
第十式　躍步
第十一式　斜行
第十二式　轉身琵琶勢
第十三式　合手金剛
第十四式　伏虎
第十五式　擒拿

第四十一式　前後照
第四十二式　野馬分鬃
第四十三式　玉女穿梭
第四十四式　白鶴亮翅
第四十五式　單鞭
第四十六式　雲手
第四十七式　跌岔
第四十八式　掃堂
第四十九式　左金雞獨立
第 五十 式　右金雞獨立
第五十一式　雙震腳
第五十二式　倒捲肱
第五十三式　左白鶴亮翅
第五十四式　斜行
第五十五式　閃通臂
第五十六式　白鶴亮翅
第五十七式　單鞭
第五十八式　雲手
第五十九式　小擒拿
第 六十 式　十字單擺腳
第六十一式　指襠捶
第六十二式　金剛
第六十三式　攔紮衣
第六十四式　右砸七星
第六十五式　小擒打

二、傳統七十五式拳架套路的動作詳解

拳架動作可參看書中附帶光碟中的拳架套路演示。

第一式　起　勢

1. 身體中正，兩腳分開與肩同寬，兩手放在兩胯處（圖4-1）。

2. 重心移至左腿，右腳微右轉後，重心則移至右腿。同時兩臂向外向上旋轉抬起，掌心向上（圖4-2）。

3. 左腳上步。同時兩臂繼續向上旋轉舉起，掌心相對（圖4-3）。

4. 重心前移至左腿，右腳上步與左腳平齊，中正站立。雙手自然旋落至兩胯處，姿勢還原（圖4-4）。

圖 4－1

圖 4－2

圖 4－3

圖 4－4

第二式　金　剛

1. 左腳前邁成弓步。兩臂向上劃弧抬起掤出（圖4－5）。

2. 擰腰轉體90°；同時，兩手在胸前順時針劃圓，變為陰陽掌，左掌心朝上，右掌心朝下（圖4－6）。

3. 回轉身體成弓步，兩臂向前旋轉擠出（圖4－7）。

4. 右腳上前與左腳平齊，兩掌向前按出（圖4－8）。

5. 右掌向前上方托起，左掌向後收至身前，左掌心朝上（圖4－9）。

6. 右掌變拳下落，落在左掌中（圖4－10）。

圖4－5　　　　　　　　　　圖4－6

圖 4－7

圖 4－8

圖 4－9

圖 4－10

第三式　攔紮衣

1. 兩手在胸前相對順時針劃圓，重心移到左腿（圖4－11）。

2. 右腳向右邁出成弓步。同時，右手經左臂內側繼續順時針劃圓，至指尖與眼睛齊平處，左手同時相對順時針劃圓下落到左胯處（圖4－12）。

圖4－11

圖4－12

第四式　白鶴亮翅

1. 右手由胸前逆時針向下劃弧；同時，左手經右臂內側上領（圖4－13）。

2. 左手向前翻掌；同時，右手逆時針向上劃弧並向前翻掌，兩掌心朝向前方。左腳收至右腳處（圖4－14）。

圖 4－13

圖 4－14

第五式 單 鞭

1. 雙手同時在胸前逆時針劃弧一周半至右側。重心移到右腿（圖 4－15）。

2. 左腳向左邁出。左掌同時逆時針劃弧至左側，高與肩平，右掌變勾手抬至右膝上方（圖 4－16）。

圖 4－15

圖 4－16

第六式　金　剛

1. 右手變掌在腰前劃弧，體左轉成弓步（圖4－17）。

2. 擰腰轉體90°。同時，兩手在胸前順時針劃圓，變為陰陽掌，左掌心朝上，右掌心朝下（圖4－18）。

3. 回轉身體成弓步，兩臂向前旋轉擠出（圖4－19）。

圖4－17

圖4－18

圖4－19

4. 右腳上前與左腳平齊。兩掌向前按出（圖4－20）。

5. 右掌向前上方托起，左掌向後收至身前，左掌心朝上（圖4－21）。

6. 右掌變拳下落，落在左掌中（圖4－22）。

圖4－20

圖4－21

圖4－22

第七式　左白鶴亮翅

1. 左腳向左邁出，右腳即跟隨虛落在左腳處。同

時，雙手順時針劃圓（圖4－23）。

2. 右腳隨即向前上步，左腳前跟與右腳平齊。同時，兩手繼續順時針劃弧至眼前，掌心向前（圖4－24）。

圖4－23   圖4－24

第八式　斜　行

1. 兩臂在胸前交叉成十字手。同時，左腳向左邁步成弓步（圖4－25）。

2. 兩臂向下劃弧，再向前上方劃弧（圖4－26）。

3. 兩手繼續劃弧合掌，掌心相對（圖4－27）。

4. 左手向後變為勾手，置於後腰部，手指向上；同時，右手滾臂向前落在眼前高度（圖4－28）。

圖 4－25

圖 4－26

圖 4－27

圖 4－28

第九式　琵琶勢

1. 右手在胸前、左手在身後分別順時針劃弧同時向左前方掤出。重心在左腿，右腳向前半步成虛步（圖4－29）。

2. 右腳後撤成右實步，左腳跟隨回撤成左虛步。同時，左手順時針劃弧內旋下落成勾手至左膝處，右掌在身前旋轉，掌心朝上（圖4－30）。

3. 左腳向前成左實步，右腳跟隨上步成右虛步。同時，左勾手向上逆時針外旋，右手逆時針內翻下按（圖4－31）。

圖4－29

圖4－30

圖4－31

第十式 躍 步

右腳向左前邁，兩腿交叉，兩臂相對順時針劃圓，在胸前交叉成十字手（圖4－32）。

圖4－32

第十一式 斜 行
（與第八式動作相同）

第十二式 轉身琵琶勢

1. 雙臂張開，然後向前方劃圓。同時，右腳上進至左腳旁成虛步，手掌落於身前（圖4－33）。

2. 身體右轉90°右腳向左後透步成實步，左腳跟隨在右腳前側成虛步。同時，帶動左臂順時針劃弧至左前方（圖4－34）。

3. 左臂繼續順時針劃弧內旋下落成勾手至左膝處，右掌在身前旋轉，掌心朝上（圖4－35）。

4. 左腳向前成左實步，右腳跟隨上步成右虛步。同時，左勾手向上逆時針外旋，右手逆時針內翻下按（圖4－36）。

圖4－33

圖 4－34

圖 4－35

圖 4－36

第十三式　合手金剛

1.右腳左邁成交叉步。兩臂相對順時針劃弧（圖4－37）。

2.左腳向左邁出。兩臂交叉成十字手（圖4－38）。

3.身體左轉，右腳跟步與左腳平齊。同時，臂向下再向前上方相對劃弧舉至兩側（圖4－39）。

4. 兩臂向前向下劃弧，左手落在胸前，掌心向上，右掌變拳下落至左掌中（圖4－40）。

圖 4－37

圖 4－38

圖 4－39

圖 4－40

第十四式　伏　虎

1. 兩手變掌交叉向上至兩肩，右手在裡放在左肩，左手在外放在右肩。然後右腳向右邁出成弓步。同時，兩臂相對向下劃弧（圖4－41）。

2. 左手順時針向上再向下劃弧變拳，收至左腰間；右手逆時針向上劃弧變拳至右側，高與眉齊，拳心朝前（圖4－42）。

圖4－41

圖4－42

第十五式　擒　拿

身體後收成右虛步，右拳收至胸前，左手扶於右肘（圖4－43）。

第十六式　串　捶

右拳外翻下戳，左掌護肘上提。重心前移上提，左腳前跟成丁虛步（圖4－44）。

圖4－43

圖4－44

第十七式

肘底藏捶

體左轉成左虛步。同時，左拳由胸前左擺，右拳向左上擺出（圖4－45）。

圖4－45

115

第十八式　倒捲肱

1. 重心前移至左腿。兩拳變掌，右手向下再向上劃立圓（圖4－46）。

2. 右手繼續向前劃立圓，左手同時向下劃立圓。同時，右腳向側後腳掌先著地蹬出（圖4－47）。

3. 再以右腿為重心，左腳後撤。相應左手向前劃立圓，右手同時向下劃立圓。左右依次後撤共三次或五次。

圖4－46　　　　　　　　　　圖4－47

第十九式　左白鶴亮翅（與第七式動作相同）

第二十式　斜行（與第八式動作相同）

第二十一式 閃通臂

1. 右手在身前逆時針劃圓一圈至腹前。同時，右腳收至左腳前，並變為實步，左腳變為虛步。左手從身後轉到身前，放在右臂內側（圖4－48）。

2. 然後右腳上步，左腳前跟，身體下蹲。同時，右掌外翻下劈，左手護右肘後向後收回，置於後腰部，變為勾手（圖4－49）。

3. 起身並左腳上步成左弓步。同時，左手上托，右手向上收於胸前（圖4－50）。

圖4－48

圖4－49

圖4－50

第二十二式　白鶴亮翅

1. 身體右轉，右腳向後上半步。同時，雙手逆時針向下再向上劃弧，左掌心朝裡，右掌心朝外（圖4－51）。

2. 然後右腳上步並向左轉身（圖4－52）。

3. 左腳向右腳處並齊。同時，左手向前翻掌，右手跟隨，按於身前與眼高平齊（同圖4－14）。

圖4－51

圖4－52

第二十三式　單鞭（與第五式動作相同）

第二十四式　雲　手

右手變掌在身前順時針劃弧，同時左手逆時針相對劃

弧，兩手旋翻，手在上方時，掌心朝外護頭；手在下方
時，掌心朝內護襠。雙手交叉劃弧反復六次，同時兩腿成
左右弓步交替變換（圖4－53、圖4－54）。

圖4－53　　　　　　　　　圖4－54

第二十五式　左高探馬

1. 重心移到左腿，身體左轉，然後重心移到右腿，
左腳回收半步成虛步。同時，左手在上，右手在下。然後
左腿提膝，左手向下回收，右手上舉，掌心向前（圖4－
55）。

2. 左腳向前上步，右腳跟隨成虛步，左手翻掌，右
手前推（圖4－56）。

119

圖 4－55　　　　　　　　圖 4－56

第二十六式　右插腳

雙手向左後順時針劃弧一周，右腳上踢，右手擊拍右腳面（圖4－57、圖4－58）。

圖 4－57　　　　　　　　圖 4－58

第二十七式　右高探馬

1. 右腿收回懸立。雙手同時收回至面前（圖4－59）。

2. 右腳上步。同時，右手回拉，左手前推，目視前方（圖4－60）。

圖4－59

圖4－60

第二十八式　左插腳

雙手向右後逆時針劃弧一周，左腳前踢，左手拍擊左腳面（圖4－61、圖4－62）。

第二十九式　左蹬腳

1. 左腿下落，重心放在右腿。兩臂相對向下向外再向上劃弧張開（圖4－63）。

2. 以右腳為軸向左轉身，同時左腿抬起。兩臂屈肘，兩手變拳收攏在腹部，拳頭相對，拳心向下。然後兩臂從下向上劃弧外展擊出。同時，左腳向旁蹬出（圖4－64）。

圖4－61　　　　　　　　　　圖4－62

圖4－63　　　　　　　　　　圖4－64

第三十式　躍　步

1. 左腿下落，左腳收回至右腳左前方，身體左轉。左拳向左下方劃弧後拉，右拳向左前方逆時針劃弧擊出。同時，重心移到左腿（圖4－65）。

2. 右腳上步成交叉步。左拳向右上方劃弧前掄，右拳逆時針向右方劃弧拉起（圖4－66）。

圖4－65　　　　　　　　圖4－66

第三十一式　青龍探海

1. 左腳上步成弓步。同時，左拳在身前順時針劃弧，右拳逆時針上掄（圖4－67）。

2. 左拳在身前劃弧收於腰部，同時身體稍微左轉，右拳劃弧向身前擊出（圖4－68）。

圖 4－67

圖 4－68

第三十二式　轉身二起腳

1. 身體右轉 180°，同時右腳回收置於左腳右前方，成為左虛步。右臂順時針劃弧右擺，高與眼平，左臂順勢劃弧置於腹部前方（圖 4－69、圖 4－70）。

圖 4－69

圖 4－70

2. 右腳上步蹬地起跳。兩臂順時針劃弧上掄並落下，以右掌擊拍腳面（圖4－71、圖4－72）。

圖4－71

圖4－72

第三十三式

分門樁抱膝

1. 兩腳相繼落下，重心移到右腿，左腳稍前為虛步。兩手收於腰間（圖4－73）。

圖4－73

2. 左腳上步，兩手前伸交叉，右手在下，掌心向下，左手在上，掌心向上（圖4－74）。

3. 左腳收回成虛步。同時，兩手相對向上向外劃弧（圖4－75）。

4. 左腿抬起。兩手向下劃弧抱於膝前，掌心朝上，目視前方（圖4－76）。

圖4－74

圖4－75

圖4－76

第三十四式　喜鵲蹬枝

1. 左腿提膝。同時兩手隨提膝劃弧上領並翻手，掌心向前（圖4－77）。

2. 左腳前蹬，兩手隨蹬腳內旋前推（圖4－78）。

圖4－77　　　　　　　　圖4－78

第三十五式　鷂子翻身

1. 左腳前落成虛步。左手收于左胯處，右手下落於身前。

2. 左腿抬起，以右腳為軸右轉180°。右手前、左手後隨之順時針掄擺。然後左腳落下成實步，右腳轉換成虛步。兩手收於各自體側（圖4－79、圖4－80）。

圖 4－79　　　　　　　　圖 4－80

第三十六式　旋腳蹬跟

右腳抬起旋撩蹬出。同時，右掌前撩，掌心向外（圖
4－81、圖 4－82）。

圖 4－81　　　　　　　　圖 4－82

第三十七式 左右攔腰掌

1. 右腳前落，重心移到右腳。同時，身體向右轉身，右手向右後削抹，左手隨之逆時針掄擺（圖4－83）。

2. 左腳上步成弓步。雙掌向左順時針削抹（圖4－84）。

圖4－83　　　　　　　圖4－84

第三十八式 掩手捶

兩手順時針在身前劃弧，然後左臂屈臂向左前方推出，右手變拳貼於左臂彎處。同時兩腿作虛實轉換（圖4－85、圖4－86）。

圖 4－85　　　　　　　　　圖 4－86

第三十九式　抱頭推山

1. 先向左、然後向右擰腰轉身。同時，兩手在各自體側分別下擺、再向上劃弧（圖4－87）。

2. 身體左轉，左腳上步與右腳平齊。兩手繼續向上經頭兩側向前方推出，掌心向前（圖4－88）。

圖 4－87　　　　　　　　　圖 4－88

第四十式　單　鞭（與第五式動作相同）

第四十一式　前後照

1. 向左擰腰轉身，右勾手變掌向左擺動至右臂內側（圖4-89）。

2. 身體右轉90°，左手在身前向右劃弧擺動（圖4-90）。

圖4-89

圖4-90

第四十二式　左右野馬分鬃

1. 右手在左臂內側向前穿出，左手回收至身前。同時，右腳收回（圖4-91）。

2. 右腳向右前方邁出。同時，右掌順時針先向左然後向右前方劃弧分滾，左手收在左胯處（圖4-92）。

131

圖 4－91

圖 4－92

3. 左腳上步至右腳側成虛步，然後向左前方邁出。同時，左掌逆時針先向右然後向左前方劃弧分滾，右手收在右胯處（圖4－93）。

4. 右腳上步至左腳側成虛步，然後向右前方邁出。同時，右掌順時針先向左然後向右前方劃弧分滾，左手收在左胯處（同圖4－92）。

圖 4－93

第四十三式　玉女穿梭

1. 右腳回收再前邁。同時，兩手在身前順時針向後

再向前劃弧，右手在前，左手在後（圖4－94）。

2. 身體右轉身並上左步。右掌回拉，左掌前推（圖4－95）。

3. 右腳左邁，身體以左腳為軸右轉（圖4－96）。

4. 身體右轉180°，右腳成右弓步。兩手隨轉體順時針劃弧，最後姿勢動作同攔紮衣勢（圖4－97）。

圖4－94

圖4－95

圖4－96

圖4－97

第四十四式　白鶴亮翅（與第四式動作相同）

第四十五式　單　鞭（與第五式動作相同）

第四十六式　雲　手（與第二十四式動作相同）

第四十七式　跌　岔

1. 右腳併於左腳。同時，雙手自下向上合掌至眼眉高（圖4－98）。

2. 雙手先向下再向外相對劃弧，然後雙手變拳向上向內相對劃弧，置於面前方，拳頭相對，拳心向外。同時，右膝提起，然後右腳落下成實步，左腳成虛步（圖4－99）。

圖4－98

圖4－99

3. 以右腿為重心下蹲，左腿順勢成仆步。兩臂展開向外向下劃弧至體側（圖4－100）。

第四十八式 掃 堂

1. 重心左移，同時起身，兩手由拳變掌（圖4－101）。

2. 以左腳為軸向左轉身90°，同時右腿順勢並至左腳。右手收於體側，左手置於面前（圖4－102）。

圖4－100

圖4－101

圖4－102

第四十九式　左金雞獨立

1. 右手向左上方劃弧至頭部，並繞頭旋轉，纏頭裹腦，同時左手下落在身體左側（圖4－103）。

2. 左腿獨立，右腿提膝。同時，右手上舉，掌心向上（圖4－104）。

圖4－103　　　　　　　圖4－104

第五十式　右金雞獨立

1. 右手下落，左手上舉。同時，重心移到右腿（圖4－105）。

2. 左手纏頭裹腦並上舉。上舉同時，右腿獨立，左腿提膝，目視前方（圖4－106）。

圖 4 - 105

圖 4 - 106

第五十一式 雙震腳

左腿左肘同時外旋劃圓，左腳踏地，左手在面前方（圖 4 - 107）。

圖 4 - 107

第五十二式　倒捲肱（與第十八式動作相同）

第五十三式　左白鶴亮翅（與第十九式動作相同）

第五十四式　斜行（與第二十式動作相同）

第五十五式　閃通臂（與第二十一式動作相同）

第五十六式　白鶴亮翅（與第二十二式動作相同）

第五十七式　單鞭（與第二十三式動作相同）

第五十八式　雲手（與第二十四式動作相同）

第五十九式　小擒拿

1. 左腳上步，兩手順時針劃立圓相對，左手掌心向下，右手掌心向上（圖4－108）。

2. 左腳回收成虛步。兩手逆時針倒劃立圓相對（圖4－109、圖4－110）。

圖4－108

第六十式　十字單擺腳

1. 左腳上步成弓步。兩臂相對順時針交互劃弧，在胸前成交叉十字手（圖4－111）。

2. 右腳前踢。左手擊拍右腳，右手下落至右側（圖4－112）。

圖4－109

圖4－110

圖4－111

圖4－112

第六十一式　指襠捶

1. 右腳下落。右手變拳後擺至體右側,左手同時變拳逆時針劃弧擺至體左側(圖4-113)。

2. 重心前移,左腿成弓步。左拳收於左腰部,右拳向身前擊出(圖4-114)。

圖4-113

圖4-114

第六十二式　金剛(與第二式動作相同)

第六十三式　攔紮衣(與第三式動作相同)

第六十四式　右砸七星

1. 左手順時針劃弧至胸前(圖4-115)。

2. 兩手同時順時針劃弧，右手至腹前，左手至身體左側，掌心向上。同時，重心移到左腿（圖4－116）。

3. 以左腿為支撐屈膝下蹲，右腿成仆步。左手置於頭側，右手順時針劃弧下切於右腿內側（圖4－117）。

圖 4－115

圖 4－116

圖 4－117

第六十五式 小擒打

1. 起身成弓步，左手逆時針劃弧置於腹前，右手上

抬，掌心向上（圖4－
118）。

2. 左手向前抬起與
右手齊平。同時，重心
移至左腿，右腳回收半
步（圖4－119）。

3. 兩手變拳收至胸
前，拳心朝上，然後內
旋擊出，拳心朝下。同
時，右腳向前半步，左
腳前跟半步成虛步（圖
4－120）。

圖4－118

圖4－119

圖4－120

第六十六式　回頭看畫

1. 身體左轉 90°，左腳向左後方上半步。左拳逆時針向上劃弧，右拳翻轉拳心向上（圖 4 – 121）。

2. 重心移到左腿，身體向左轉身 120°，右腳緊跟向左邁步。同時，兩臂由身前上掄，左拳置於頭左側，右拳下栽身前（圖 4 – 122）。

圖 4 – 121

圖 4 – 122

第六十七式　白鶴亮翅

1. 身體左轉 60°，右腳前邁一步與左腳平齊。同時，右拳上提與左拳併攏置於面前方，拳心朝裡（圖 4 – 123）。

2. 兩拳變掌旋轉向前推出，掌心向前。

143

圖 4-123　　　　　　圖 4-124

第六十八式　單鞭（與第五式動作相同）

第六十九式　左砸七星

1. 右手變掌逆時針劃弧至胸前（圖 4-124）。

2. 兩手同時逆時針劃弧。重心移到右腿，並以右腿為支撐屈膝下蹲，左腿成仆步。右手置於頭側，左手逆時針劃弧下切於右腿內側（圖 4-125）。

第七十式　小擒打

起身成弓步，兩掌變拳收至胸前，然後內旋擊出，拳心朝下。同時，左腳向前半步，右腳前跟半步成虛步（圖 4-126）。

圖 4－125

圖 4－126

第七十一式　跨　虎

1. 右腳向右方上步，左腳跟步成虛步。兩拳順時針劃弧至胸前交叉，然後兩拳變掌向下、再向上相對劃弧（圖4－127）。

2. 雙手相對向胸前劃弧相遇，然後左手劃弧變為勾手置於腰後部，右掌前推（圖4－128）。

圖 4－127

3. 左腳上前半步。同時，左手順時針轉到身前，右手順時針轉到身體右側（圖4－129）。

4. 左腳提起，以右腳為軸，身體右轉180°。兩臂先後順時針劃弧，左手轉到身體左上側，右手擺至身體右側（圖4－130）。

圖 4－128

圖 4－129

圖 4－130

第七十二式　雙擺腳

1. 重心移到左腿，成左弓步，同時身體稍右轉。兩手置於胸前，掌心向下（圖4－131）。

2. 右腳外擺上踢，雙掌擊拍右腳面（圖4－132）。

圖 4 - 131

圖 4 - 132

第七十三式　彎弓射虎

1. 右腳回落原位，重心移到右腿。同時雙手變拳向右下方逆時針劃弧，置於腹前（圖 4 - 133）。

2. 重心移到左腿，變成左弓步。同時兩拳逆時針外旋劃弧向前擊出，左拳在前，右拳在後（圖 4 - 134）。

圖 4 - 133

圖 4 - 134

第七十四式　金剛（與第二式動作相同）

第七十五式　收　勢

1. 左腳後退半步，右腳隨著後退與左腳平齊。同時，右拳變掌，兩手相對向下劃弧再向上劃弧至身體兩側，掌心向上（圖4－135）。

2. 兩手繼續劃弧上舉至頭兩側，然後下落收至兩胯處。同時，重心落於兩腿中間（圖4－136）。

圖4－135

圖4－136

三、侯氏太極拳拳架圖例及體用歌訣

侯氏太極拳是保持張三豐祖師武當太極拳原貌的正宗傳承的太極拳術,講究運動須知往返,往返必帶折迭,折迭之中必寓挫之。其架勢適中,動作緊湊,虛實分明,剛柔相濟,一氣呵成。

1. 起　勢（圖4－137）

鴻蒙混元初太極,
動分陰陽靜合一。
披身滾臂展雙掤,
鼓蕩往返折迭意。

圖4－137

圖4－138

2. 金　剛（圖4－138）

上步出手金剛掌,
上下八法勢中藏。
連環玄肘扣搬攔,
搗心頂襠跺腳面。

3.攔紮衣（圖4－139）

攔手採拿順紮衣，
小圈大圈上下連。
虛實順逆活轉換，
得機妙發須渾圓。

圖4－139

4. 白鶴亮翅（圖4－140）

白鶴亮翅騰了空，
合手端肘倒栽蔥。
含胸拔背立圓進，
顧盼輕靈立鶴群。

圖4－140

5. 單　鞭（圖4－141）

右邊鬆引左向前，
拉開弓步正中間。
擔臂擔肩擊胸面，
發勁猶鞭似放箭。

圖4－141

6.斜　行（圖4－142）

正隅互變斜行進，
鬆靜引敵空不覺。
貼身壁腿把敵封，
腳到靠到如山崩。

圖4－142

圖4－143

7. 琵琶勢（圖4－143）

懷抱琵琶上下翻，
打了兩頭打中間。
左右連環掌中竅，
步是順拗亦坦然。

8. 躍　步（圖4－144）

躍步中定人稱奇，
專踩兩臁並兩膝。
十字雙手交叉迎，
古樹盤根生妙機。

圖4－144

9. 轉身琵琶勢（圖4－145）

透步圓轉琵琶沉，
腰鬆膝抬虛實分。
開合上勢如猛虎，
掏腿倒捲採捌蘊。

圖4－145

圖4－146

10. 合手金剛（圖4－146）

躍步踩進下勢連，
斜行靠進十字肘。
壁腿一落根制敵，
最後落成金剛定。

11. 伏　虎（圖4－147）

若遇摟抱欲解束，
十字抱胸意沉蓄。
雙臂環繞通脊抖，
身一中定伏虎成。

圖4－147

12. 擒　拿（圖 4－148）

遇敵出手使擒拿，
折疊反關把敵發。
分筋錯骨制頑敵，
切磋技藝審慎拿。

圖 4－148

13. 串　捶（圖 4－149）

串捶巧打面胸足，
兩拳連環如串珠。
右拳落下串襠打，
屈沉蓄勁抖捶風。

圖 4－149

14. 肘底藏捶（圖 4－150）

打右顧左翻身肘，
肘底藏捶護中手。
屈肘沉落千斤墜，
肘捶齊進在當心。

圖 4－150

15. 倒捲肱（圖4-151）

退行三把倒捲肱，
怎識退中有進攻。
進退顧盼都悟透，
攻防防攻變化通。

圖4-151

圖4-152

16. 閃通臂（圖4-152）

閃通背勢圈劃圓，
須知圓中有往返。
海底撈月單展翅，
肘靠膝打捌為先。

17. 雲　手（圖4-153）

雲手三進顧盼間，
兩臂交繞成連環。
上手打頭後打面，
左右開弓打兩邊。

圖4-153

18. 高探馬（圖 4－154）

探馬插鐙蹬敵襠，
翻身上馬迎太陽。
驚上打下互為用，
勁走縱橫挫敵根。

圖 4－154

19. 插　腳（圖 4－155）

插腳一起進襠裡，
勁力原源在腰脊。
腳面直撩尖對點，
命門一突出神奇。

圖 4－155

20. 左蹬腳（圖 4－156）

轉身提膝把腳蹬，
雙拳回貫前後沖。
蹬襠蹬腹又蹬胸，
旁蹬軟肋用不空。

圖 4－156

21. 躍　步（圖4−157）

躍步左右雙拳擺，
上下左右顧盼全。
意念身手中不離，
使敵膽寒不上前。

圖4−157

圖4−158

22. 青龍探海（圖4−158）

青龍纏繞步嚴密，
一龍直下探海底。
化敵勁力順勢走，
擊打胸腹並胯膝。

23. 轉身二起腳（圖4−159）

腳起手落彈力跳，
空中連出使雙足。
腳到手到二起妙，
踢襠踢腕踢咽喉。

圖4−159

24. 分門椿抱膝（圖4－160、圖4－161）

倒鈎即進椿分開，十字手掤滾臂進。
上掤下點身進攻，三盤齊到著法成。

圖4－160

圖4－161

25. 喜鵲蹬枝
（圖4－162）

順勢提膝撐裹就，
雙手端肘先拔根。
攢翻滾按鵲蹬枝，
使敵失中破平衡。

圖4－162

26. 鷂子翻身（圖 4－163）

鷂子翻身主在根，
轉身採挒藝業精，
翻身之中寓肘靠，
提膝撩掃旋風功。

圖 4－163

圖 4－164

27. 旋腳蹬根（圖 4－164）

圈腿護襠旋腿腳，
提帶敵腿連蹬根。
手腿旋帶返回送，
迴旋引進送出蹬。

28. 攔腰掌（圖 4－165）

落腳橫踩走中定，
攔腰掌法軟肋攻。
兩掌分飛左右用，
中定步在坐盤功。

圖 4－165

29. 掩手捶（圖 4－166）

捶隱藏在掌肱後，
故名捶稱掩手捶。
掩而不露為藏真，
假公遇真必現形。

圖 4－166

圖 4－167

30. 抱頭推山（圖 4－167）

雙臂繞舉虎抱頭，
抱頭之中寓推山。
勢成抱頭推山就，
推山亦可破抱頭。

31. 前後照（圖 4－168）

前後照法撐裹精，
引進敵來使落空。
轉腰撐身旋挫勁，
敵若相遇必栽蔥。

圖 4－168

32. 野馬分鬃（圖4－169）

側身前進鬃毛分，
順勢抬腿腳過人。
任他千軍和萬馬，
野性一馴隨意根。

圖4－169

33. 玉女穿梭（圖4－170）

玉女雙掌飄飄進，
恰似白蛇吐紅信。
穿梭之掌先刺喉，
採住敵手取瞳心。

圖4－170

34. 跌　岔（圖4－171）

遇敵逼進勿須忙，
童子拜祖功高強。
二郎擔山主雙臂，
兩手合勁在中央。

圖4－171

35. 掃　堂（圖 4－172）

太極掃堂威如潮，
上身順勢下腿掃。
左右雙掌連環手，
進我身者難逃脫。

圖 4－172

36. 金雞獨立（圖 4－173）

圖 4－173

左右金雞獨立勢，
蟄龍升上天穹似。
上擎掌托下敬膝，
鈎盤纏跪挑壁劈。

37. 雙震腳（圖 4－174）

手繞頭轉解敵手，
肘往外旋反捌肘。
兩腳先後雙震踩，
震敵腳面並膝臁。

圖 4－174

38. 小擒拿（圖4－175）

兩掌纏繞要擒拿，
陰陽翻轉運八卦。
採挒肘靠拳打擊，
高低同樣把敵發。

圖4－175

圖4－176

39. 十字單擺腳（圖4－176）

十字單擺腿法精，
內撩外擺顯神通。
鬆腰鬆膝如枝擺，
腳手齊到身勢成。

40. 指襠捶（圖4－177）

落掌攥拳破採拿，
正身旋腰把肘發。
左右旋打連環肘，
右肘旋內指襠捶。

圖4－177

41. 砸七星（圖4－178）

下勢號稱弓頭蛇，
又如一蝶下尋花，
反捋帶挒撲地步，
困厄才把七星砸。

圖4－171

42. 小擒打（圖4－179）

兩臂螺旋擒拿勁，
採挒合擊敵面門。
虛實圓圈亂環取，
左右高低驚鬼神。

圖4－179

43. 回頭看畫（圖4－180）

撩腿回頭把畫看，
說來此畫不景然。
腿起腳落回頭看，
原是來敵躺平川。

圖4－180

44. 跨　虎（圖4－181）

驚上取下隨機變，
忽然撤步正身還。
勢成跨虎身中正，
蹲身穩盤步龍門。

圖4－181

45. 雙擺腳（圖4－182）

轉身擺腳步扣定，
提掃橫腿最為精。
平撩擺掃敵傾斜，
雙掌撲擊神鬼驚。

圖4－182

46. 彎弓射虎（圖4－183）

敵人如把臂擒拿，
我即還擊使彎弓。
左捌右扣採制敵，
連環捶射敵正胸。

圖4－183

47. 收 勢（圖4－184、圖4－185）

太極無始亦無終，陰陽相濟總相同。

以心禦氣氣統形，武當太極宗三豐。

圖4－184　　　　　　　　圖4－185

四、侯氏太極拳拳架練習的技術要領

（一）太極拳功架十要

1. 虛靈頂勁

虛靈頂勁，頭容正直，神貫於頂也。不可用力，用力則項強，氣血不能流通，須有虛靈自然之意，非有虛靈頂勁，則精神不能提起也。

2. 含胸拔背

含胸者，胸內含，使氣沉於丹田，胸忌挺出，挺出氣壅胸際，下垂下輕，腳腿易浮起。

拔背者，氣貼於背也。能含胸自然拔背，能拔背則力量由脊而發。

3. 鬆　腰

腰為一身之主宰，能鬆腰者則兩足有力，下盤穩固，虛靈變化皆由腰轉動，故命意源頭在腰際，有不得力必於腰腿求之也。

4. 分虛實

太極拳以分虛實為第一要義，如全身坐在右腿，則右腿為實，左腿為虛；全身坐在左腿，則左腿為實，右腿為虛。虛實能分而後轉動輕靈，毫不費力；如不能分，則舉步重滯，自主不穩，則易為人牽動。

5. 沉肩墜肘

沉肩者肩鬆下垂也。若不能鬆，兩肩端起，則亦隨之而上全身則皆不得力矣。

墜肘者，墜往下鬆垂之意，肘若懸起則肩不能沉，放人不遠。

6. 用意不用力

此拳是用意不用力，練太極拳全身鬆開，不使有分毫之拙勁留滯於筋骨血脈之間；如渾身僵勁充滿經脈，氣血停滯，轉動不靈，舉一發而全身皆動。若不用力而用意，用意所至氣亦相隨，如是血氣流通，日日灌輸，周流全身，無使停滯，久久練習，則得真正內勁，即《太極拳

論》所云：「極柔軟，而後能得極堅剛也。」太極功夫純熟之人，臂膊如棉裹鐵，分量極沉。

7. 上下相隨

上下相隨者即《太極拳論》中所云：「其根在腳，發於腿，主宰於腰，行於手指，由腳而腿而腰，總於完整一氣也。」手動、腰動、足動，眼神亦隨之而動，如是方可謂上下相隨。有一不動，即散亂也。

8. 內外相合

太極拳所練在神，故云：「神為主帥，身為驅使。」精神能提得起，自然舉動輕靈。

架分虛實開合。所謂開者，不但手足開，心意亦與之俱開；所謂合者，不但手足合，心意亦與之俱合。能內外合成一氣，則渾然無間矣。

9. 相連不斷

太極拳用意不用力，自始至終綿綿不斷，週而復始，循環無窮。

《太極拳論》所謂「如長江大河，滔滔不絕」，又曰：「運動如抽絲」，皆言其貫穿一氣也。

10. 動中求靜

太極拳以靜制動，雖動猶靜，故練架以鬆靜為先。靜則呼吸深長，氣沉丹田，身無血脈慌張之弊。

（二）對練習拳架更多的要求

拳架要求：立身中正，輕鬆柔和，用意不用力；出手運轉要以圓圈與弧形纏繞螺旋，不走直線；一動百動，一

靜百靜，手動則身隨腳跟，毫無游移抽扯之形，快慢均衡，不用僵力，做到前手走，後手跟，前腳走，後腳催。手到身到腳到，上欲動而下隨之，下欲動而上自攻之，中節動而上下合之，形成一個整體運動，內外相連，前後相須，從而達到「上下相隨人難進」。

1. 求 整

由頭頂至腳跟，由肌膚至臟腑，上下內外先求統一。上欲動，下隨之；下欲動，上領之；中部動，上下合之。內外前後一氣，便是身形整。

身形的整是活整、柔整，身體的各個部分要在運動中求得和諧，成為自然而然，這就要求練習拳架在「勻」上下工夫。

2. 懂陰陽

太極是渾然一體的整體，在太極拳運動中，太極則要分化成陰和陽兩種相對相依的運動要素，如靜與動、收與發、退與進、合與開、屈與伸、輕與重、柔與剛，等等。只有懂得陰陽及陰陽轉換的規律，才能進一步懂得太極，並最終修得太極功夫。

3. 明三節

太極拳中將人體分為上（頭）、中（軀幹）、下（四肢）三個部分，謂之三節。每一節又可分為三小節。

頭：額、鼻、口。

軀幹：胸、肩、腹、背、丹田、臀。

四肢：下肢——胯、膝、腳（足跟為根節，足掌為中節，足趾為梢節）。上肢——肩為根節，肘為中節，手為

梢節（腕為根節，掌為中節，指為梢節）。

拳譜云：「上節不明，無依無蹤；中節不明，渾身自空；下節不明，顛覆必生。」又云：「氣之發動，要從梢節起，中節隨，根節催。」

最終要練成上自頭頂，下至足底，四肢百骸，總為一節。

4. 求六合

六合是內三合與外三合。心與意合、力與氣合、筋與骨合，是為內三合；手與足合、肩與胯合、肘與膝合，是為外三合。拳譜云：「一動無不動，一合無不合，五臟百骸悉在其中。」

5. 得六進

求六合，必須得六進，六進不得，六合難求。

（1）頭進：頭不進，全身不得進，因為頭為全身之主，統領全身。

（2）膊進：膊不進，手不能向前，進手先進膊。

（3）腰進：腰不進，力不足，進身不能不進腰。

（4）步進：步不進，則頭、膊、腰皆不能進。強進則身形散亂，難以發擲對方。

（5）左進：上左必先進右。

（6）右進：上右必先進左。

若要進，則全身整體無一處不進，否則全身各部分有進有不進，相互牽制，難於取勝。

6. 精身法

身法不精，力無所依，勁無所使，手腳遲緩。

（1）縱：縱則發其勢，一往而不返。

（2）橫：橫則理其力，開拓而莫阻。

（3）高：高則揚其身，而有增長之意。

（4）低：低則仰起身，而有攢促之形。

（5）進：勇往直前，有無堅不摧之勢。

（6）退：阻緩其勢，退即進也。

（7）反：反身顧後。

（8）側：側顧左右。

第五章

侯氏太極拳推手

推手又叫搭手、打手、葛手或轉圈子。推手是太極拳訓練的重要手段，它以拳架為基礎，反過來又可以核對總和修正拳架的技術用意和方法，二者是相輔相成、相互促進的關係，結合在一起，形成了太極拳訓練的獨特方法。

侯氏太極拳的特點是拳架、推手、擒拿、散打合為一體，具有靈活性、多變性、運用性。侯氏太極拳推手有著自己顯著的特色。在風格上，它講究冷、脆、快、狠、毒、驚乍、彈抖、連環進招、勁法變化，勁跟勁，招接招，使對方沒有喘息之機；在手法上講究擒拿抓閉，分筋挫骨，採挒折別；在身法上講究偷步進身，扣擺封勢，活步轉換，定步擊人。

侯氏太極拳推手是透過拳架中每一勢所蘊含的各種用法在推手中逐一應用來達到推手的訓練，使拳架應用逐步熟練，最後達到得心應手，應用自如的境界，如王宗岳宗師所言：由招熟而漸悟懂勁，由懂勁而階及神明。這種推手訓練方法是武當內家絕技，侯氏太極拳的「三合一」即是拳架、推手、散手完全融為一體的完整體系，這也是本門拳法能夠速成的原因之一。

171

一、練習推手的基本要求

侯氏太極拳有九層功夫，即拳架三層功、推手三層功、散手三層功。推手為中層功夫，是通往高層功夫的必經之路。「打手歌」云：「掤捋擠按須認真，上下相隨人難進」，所以對拳架的一招一式要認真用功，不可有半點馬虎，這樣經過一段時間，就能經得起推手的檢驗；否則姿勢有錯誤，在推手中就處處被動挨打。

拳架和推手二者相互依存，缺一不可，為侯氏太極拳訓練的獨特方法。

推手要求虛靈頂勁，氣沉丹田，含胸拔背，沉肩墜肘，特別要求掌心不要無意下翻，因為掌心下翻易露出肘，易受人抖搬所制。拳譜云：「手不離肘，肘不離手，倘若脫離，發打無疑。」

推手時手腕要平直，手指要展直，指稍微微上翹，此法叫「手頭不能丟」。

在身法上講究起落進退，騰閃圓轉，吞吐變化，避實就虛。在步法上講究偷身進步，扣擺封勢，活步轉換，定步擊人。在拿法上講究順勢拿人，以拿還拿，以拿解拿，其中還包括採用反關節制人。

儘管反關節制人具有較大的傷害性，但在雙方交手時，任何一方都沒有理由不讓對方使用該技術，所以，應該學會並掌握破解反關節的技巧。在日常推手中，要慎用反關節制人方法，以防傷害對方。

　　拳架是鍛鍊太極拳功力和提高太極拳技術的重要手段，而推手則是拳架動作在實踐中的應用，推手功夫的提高要靠拳架練習和積累，拳架正確與否要通過推手來體會和糾正，推手動作來源於拳架，所以說：「拳架即推手，推手即拳架」，因此，要把練習拳架和推手緊密結合起來。

二、練習推手的過程和方法

　　太極拳的推手，需要從易到難，由淺入深，循序漸進。包括聽勁、化勁的訓練，以及發勁的訓練。

　　侯氏太極拳推手主要是採用上下步形式的雙人推手作為基本訓練方法，即上下步推手法。上下步推手就是由兩人相對面站立，你上一步為「進」，我退一步為「守」，然後我再上步，你再退步，兩人這樣一進一退，循環往復。動作姿勢是你上步以掤為開門勢，我則以捋合之，你再以擠和捋，我則以按和擠接之，從掤勁到按勁，循環往復。兩人上下步要形成順步，即你出左腳，我出右腳，我出左腳，你出右腳。

　　具體方法是：兩人相對站立，距離約手臂之長短，你右足前邁一步，我則左足前邁一步，同時各以右手向前掤出，其高不過頭，沉肩墜肘，兩手背腕互相黏貼掤住，同時以左手腕輕貼於對方手肘關節之上，然後一方主動進攻施用按法，而另一方用掤捋勁引化，也即是開始以掤捋擠按的方法練習，週而復始，連綿不斷，步法為一進一退（圖 5－1、圖 5－2）。

圖 5－1   圖 5－2

　　如果雙方都不發勁，是為推「空圈」。對初學者來說，「空圈」要多推，通過推「空圈」，可以將推手的姿勢練習正確，還可以使肩關節和腰胯得以鬆開和圓活，再者可使身體逐漸達到上下相隨，並逐漸培養出「聽勁」的功夫。

　　在推手過程中，也可運用拳架的各招法，諸如：野馬分鬃、攔紮衣、斜行、倒捲肱、高探馬等各種招式，以及運用掤捋擠按等各種勁，運用採拿折別等發放技巧，由生到熟，由慢到快，由遞手餵勁到不餵勁，循序漸進，逐漸達到純熟自如，得心應手。

　　侯氏太極拳推手訓練具有以下幾種形式：

1. 單人推手

　　單人推手主要是意念推手，可以單臂劃各種、各個方

向上的圈子，也可以雙臂進行，或按照雙人上下步推手的
方法訓練，聽探式的與大氣相推摸；也可以在隨意的行進
間，手眼身步法配合起來，並帶上技擊意念進行練習。單
人定步推手可分為左右裡合圈、左右外開圈、左右平圈、
前後立圈，左上右下、右上左下的斜圈，等等。圈子可大
小，可快可慢，可由小到大，亦可由大到小，甚至還可意
念轉圈。身體亦可上下、前後、左右、左前右後，右前左
後地配合協調運動。手臂可單可雙，亦可交替隨意進行，
此時雖只自己一人，但卻無人似有人，無人勝有人，意氣
勁三者合為一體，自感其樂無窮。

2. 雙人推手

（1）單臂雙人定步推手

兩人互出右步右手，手背相貼，甲進時成弓步，乙後
化時成虛坐，如此一進一收，往返進行。然後換另一側，
其法相同。

（2）上下步雙人推手

兩人雙手齊出，手背相貼，並且互接對方之肘，互相
正向、反向轉圈，雙腳則互為上下步。它的劃圈特點是立
圓和斜立圓式，因而易於挫根拔戶，使對方膽寒。

（3）倒換步雙人推手

雙方雙腳不停地在倒換，形成一個三角形，兩腳始終
在一個點上倒換，在「身要攻人，步要過人」的思想指導
下，無形中向前遞進，形成偷步、連枝步、過步、逼步等
方法，使對方站立不穩，只有後退之力，而無前進之力。

175

（4）活步雙人推手

步法隨意而靈活，不受拘束。

（5）活步活手法

拳打腳踢，隨心所欲之境界。

三、侯氏太極拳推手方法詳解

1. 定步推手

我先抬右手，對方也抬右手，我出左腳，對方出右腳，左手扶肘，他的右手在肘上，接手後，他的手向下轉動，我的手跟著向下轉動，腰胯隨之轉動而轉動，在變化中劃成一個圈，邊劃過來後，我再接上其手指而接手，這樣形成一個圈，轉一個圈，他的接手使我的圈在轉大，我的手接他的手的時候，他的圈在轉大，這樣就謂之定步推手。

2. 活步推手

搭手時，和定步推手一樣，我出右手，他出右手，我抬左腳，他抬右腳，這樣我們還是形成一個圈，在轉圈的過程中，我的是個小圈，他是大圈，在這種情況下，倒手，換圈，他退步，再退步；我上步，再上步，撥，轉，變，變過來之後是個反圈，轉成一個反圈，我退、再退、走，在這個位置站的時候，同時下落，往上同時走，轉圈，接下來他還是退步、退步、退步、走，圓，我退步、

退步、退步，接手。在退步的過程中要鬆腰鬆胯。

3. 圓步推手

接手方式一樣，但步法不一樣，接手，我出右手，他出右手，我出右腳，他出右腳，各自向左外邁步，走十字交叉步，轉身，接手，左腳左邁，走為平步，手往下壓，同時往上轉圈，右腳向後叉步，落步為圓，反過來，向右走圓圈，上步，撤步，平步，兩手劃圈，叉步，平步。

4. 上下步推手

在搭手的時候，我出右手，他出右手，我出左腿，他出右腿，轉圈的過程，和前面所講的轉圈方式是一樣的，但是步法不同，下步，上步，在推手的過程中腰胯相隨，肩要放鬆，撤步，上步，撤步，上步，其次，在走的過程中，以陰陽魚的圓心為中心。

四、拳架在推手中的用法舉例

在推「空圈」的基礎上，可進一步學習、掌握拳架中每一式動作在推手實際中的勁路變化和應用，由此提高推手技術水準和拳架應用能力。

1. 起　勢

當對方用雙手拿我兩腕或兩臂時，我先放鬆收引而瀉其勁，然後將其當面拔根挑起（圖5－3）。

2. 金　剛

對方右手在拿我右手臂的時候，我以反關節向上挑起而擔出（圖5-4）。

圖5-3

圖5-4

3. 攔紮衣

對方右手在拿我右手的同時，我將其右肘順勢托起並反關節推出（圖5-5）。

圖5-5

4. 白鶴亮翅

對方欲合手端我左肘的時候，我沉肘化其勁，並順勢上步端其肘擠出（圖5－6）。

5. 單　鞭

對方擒拿我右手時，我鬆開右臂並引其落空；同時左進擔其肘部，擊其胸部（圖5－7）。

圖5－6

6. 斜　行

對方在推我上臂時，我斜行化其勁力，並下勢抄其腿部使其拔根摔出（圖5－8）。

圖5－7

圖5－8

7. 琵琶勢

下琵琶：在對方擒我手向下反擰時，我身體向下沉，並反肘將其推出。

上琵琶：在對方擒我手向上反擰時，我出左腳到其後，並旋擰而將其推出。

8. 倒捲肱

在對方透步推我的時候，我擰胯順勢將其送出（圖5－9）。

9. 閃通背

當對方出手推我時，我頂空、下鑽、上靠，將其擊出（圖5－10）。

圖5－9　　　　　　　　圖5－10

10. 雲　手

右雲手，以反關節將對方擔出；左雲手，則反方向擔出（圖5－11）。

11. 高探馬

在對方擒拿我手臂的時候，我出腿，上身斜擰，將其發出（圖5－12）。

圖5－11　　　　　　　　圖5－12

12. 分門樁抱膝

在對方按我的同時，我側身扭胯，將其向後甩出。

181

13. 掩手捶

當對方擒拿我左臂時，我圓轉化其勁力，並折迭返回，以肘和捶向對方胸部擊出。

14. 野馬分鬃

當對方推我的時候，我按對方同側方向出手，將其向外捌出（圖5－13）。

圖5－13

15. 玉女穿梭

當對方拿我右側的時候，我右臂化其勁力，並出右腿踩其脛骨，右手迴旋擊其面門，再左腳上步，左掌將其擊出。

16. 金雞獨立

在對方擒拿我脖頸的時候，我提膝頂其襠部，出手上擎對方之手，將其發出。

17. 砸七星

在對方向下拉我時，我順勢蹲身下引，然後將其上托而扔出。

18. 彎弓射虎

在對方擒拿我左臂時，我迴旋化其勁力，隨即雙手攻其面部或胸部（圖5－14）。

圖5－14

五、推手和拳架、散手的關係

推手是太極拳的中層功夫，它是太極拳獨有的一種訓練方法，也是檢驗拳架正確與否的標準，推手和拳架二者相輔相成，相互依存。

在推手技法上，運用太極拳各種勁法，以沾連黏隨為技巧，以不丟不頂，無過不及，隨屈就伸為原則。正如「打手歌」：「掤捋擠按須認真，上下相隨人難進，任他巨力來打我，牽動四兩撥千斤，引進落空合即出，沾連黏隨不丟頂。」以此原則來探索對方的勁路和虛實，並以「動急則急應，動緩則緩隨」、「彼不動，己不動，彼微動，己先動」的戰略方針，牽動對方重心，在時間和發力點最為恰當的時候，將對方發出。

侯氏太極拳特有的技法：冷、脆、快、狠、毒、驚彈、崩砟、抖搜、鑽翻、擰、螺旋等，並善用連環進招，環環相扣，一招跟一招，招接招，勁跟勁，連珠炮動，不給對方留有餘地。在手法上，著重節拿抓閉，分筋挫骨，採挒折別的連珠打法。

太極十三勢歌：掤捋擠按本無弊，若無對抗似遊戲。採挒肘靠求無敵，冷脆狠準練絕技。進退套絆勾掛利，顧盼定間成武藝。

侯氏太極拳的推手，不發則已，一發必然放倒對方，乾脆俐索，沒有拖泥帶水。不管你的動作如何，對付的方法主要是拔其腿、制其根，實施擲法或跌法，將對方發出

丈外，甚至顛翻倒插。不僅採用掤捋擠按採挒肘靠之八門勁法，還保持了張三豐祖師所傳之下盤十六法，並具有纏跪挑撂，封套逼插之腿法，尤以偷步進身，奪位發放之打法為勝。

奪位發放是由雙方的摸勁，並感知對方重心虛實的變化，內勁的轉換，運用自己的內勁，控制對方的勁路變化，憑著勁力以及身法步法的巧妙變化，誘使對方失重，從而不失時機地搶佔或跨越對方的中心位置，使對方處於背勢，處於失重，再配合內勁和功力將對方發出。

從實戰競技角度來看，以上這些推手方法尤為重要。練拳目的除了保健養生外，還有技擊散手。由推手而到散手，尤其講究功力和經驗，兩者缺一不可。

如果只是練架，從不與人交手，那麼接觸到敵手，不要說擊倒對方，連自衛的可能性也沒有了。所以競技性的推手，必須多加操練。聽化拿發，隨勢借力，守中出擊，起落進退，騰閃圓轉，分筋挫骨，節拿抓閉等方法要練習純熟。

推手時，先練各種打法，由老師用各招法打，學生從中體悟，然後由學生一對一的練習。開始先放到固定位置練，到運用自如時，再以不定位的打法，尋找機會、角度、方向去打，也就是活打法，練到純熟，再練化勁，因為先練化勁後，一般很難打好打準，大家都善於走化，就不容易找出最佳的位置、力點、角度和時機，總之由招熟而悟懂勁，也是一般練推手之規律。

「拳經」曰：「手到步不到，發人不為妙。手到步亦

到，發人如薅草。」又曰：「心要佔先，意要勝人。身要攻人，步要過人。前腿似弓，後腿是蹬。頭要仰起，腰要長起，丹田要運，自頂至腳，一氣相貫。」身輕步穩，進退旋轉要靈活，邁步如貓行，身正目銳，手足齊到，發人利索，這樣才顯示真正的太極拳推手。

侯氏太極拳推手訓練技法，包括上中下三盤二十四法：掤捋擠按，採挒肘靠，起落進退，騰閃圓轉，纏跪挑撩，劈壁掛蹬，還有手上的串子，腳下的絆子，但是綜觀其整體的用法，其關鍵是內勁的運用。所以，太極拳套路應與練內功相結合，四肢的動作和軀體相互協調，這樣才能做到隨心所欲，得心應手。

侯氏太極拳在推手和散手中，與人一搭手就能將對方擊倒，其功皆在於內勁，表面看上去視之為無，實是寓於無形，借力打人，發人於對方不知不覺中。發人不露形，實為達於化境的上乘功夫。

圖5－15為捋法，圖5－16為按法，圖5－17為採法，圖5－18為挒法，圖5－19為肘法，圖5－20為靠法。

侯氏太極拳推手有其獨特豐富的內涵，它保存了張三豐祖師原創的太極拳上中下三盤技法，每一式、每一動都有它的推手用法，其貫穿了太極拳整個功法訓練和技術應用體系。

圖 5－15

圖 5－16

圖 5－17

圖 5－18

圖 5－19　　　　　　　圖 5－20

六、對推手訓練的要求

1. 全身上下相隨相合

太極拳的架子與推手有密切的聯繫，走架如推手，推手如走架。無論如何轉換，必須做到手與足合，肘與膝合，肩與胯合，外三合。不做到這外三合的就是過與不及。《七疾》訣中說：「上法需要先上身，手腳齊到方為真」，這一語道破了太極拳推手和走架的真諦，研究太極拳推手必須從中去尋找奧秘。

人的身體是有重心的，要使身體平衡，不失勢，必須注意使自己重心在一定的範圍內移動，如果超出了一定範圍，就叫「失中」。身體一「失中」，就給對方有可乘之

機。人的高、矮、大、小、胖、瘦不一樣，重心難以說明在哪一點，只有自己在練習中體會才能掌握。而上下前後左右相合的原則是檢驗自己失不失中的一個外形標準。

比如手超出腳尖以外，肘超出膝外，身就自然前移，重心就會隨著前移。在運轉接勁中，對方不用多大力就會把自己的身體引斜而不穩，對方找到了發放的最好機會。

又如，自己的身、手已後收，而腳還在原來的位置不動，這就為失中，別人乘勢向前加勁，自己會後仰，「失中」成了自己失敗的根本原因。

太極拳把上下前後左右相隨相合作為一條推手的原則，是要求自己身體各部分的位置合理安排，適中對待。適中、合理，那麼轉換能自如，前進後退，左進右退，右進左退，全身一致，這就給對方一種無隙可乘的外形形象，對方就不敢輕舉妄動。

太極拳秘傳的拳論中這方面的論述非常豐富。《天遠機論》中說：「手起腳要落，足落手要起」，「身要攻人，步要過人。」在《手法五要及步法》中說：「手足齊到方為真，身似游龍，起無形，落無蹤。進退旋轉要靈活，五行一動如雷聲，五行合一體，放膽即成功。」以上拳論，就充分說明推手時必須做到身動手隨，手進身進，周身合一。

與人推手，遇化發，渾身上下做到外三合，才能有迴旋的餘地，才能有所成。外三合是外形上的要求，要做到外三合必須做到內三合。內三合是心與意合，氣與力合，筋與骨合。內三合與外三合不能孤立看待，事物都是互相

關聯的。

要做到外三合，必須明內三合。內三合做到了，自然會帶動外形，做到外三合。如果心不知，意不明，手腳、肘膝、肩胯就不會按思想指揮去完成外三合。反過來，手腳、肘膝、肩胯不合，心與意，氣與力，筋與骨也不可能做到相合。他們互為因果關係。

從某種程度上說內三合比外三合更難做到。外三合是外形，往往為人們上眼就看出，內三合含於內不顯於外，往往不易覺察。學者先求形似，後求神明，形神合一則渾身無間隙，遇敵制敵就會一動無有不動，一靜無有不靜，一開無不開，一合無不合，到這境界，推手技藝可臻成熟。

2. 明三節，知進退

太極拳推手要求合理地運用自己的三節，在黏走、運化、纏繞、絞轉中充分利用三節各自的作用使自己獲勝。太極拳拳論中有許多明三節的理論要求。

古傳秘訣中有「上節不明無依無宗，中節不明渾身是空，下節不明自家吃跌」的論述，講清了明三節在走架推手中的重要性。人身自頭至腳為一大節，各節均可以一分為三，人身體可分無數個三節。

秘傳拳論中對三節是這樣論述的：「人之一身而言，手肘為梢節，腰腹為中節，足腿為根節。分而言之，三節之中也各有三節。手為梢節之梢節，肘為梢節之中節，肩為梢節之根節；胸為中節之梢節，心為中節之中節，丹田

為中節之根節；足為根節之梢節，膝為根節之中節，胯為根節之根節。總不外梢起、中隨、根追之理，庶不致有長短、曲直、參差、俯仰之病，此三節所要貴明也。」

這裡講了大的三節，還有無數個小三節。頭有三節，為額、鼻、口。腳手均可分為三節，手的三節：指為梢節，掌為中節，腕為根節。腳的三節：腳趾為梢節，腳背、掌為中節，腳跟為根節。手指又可分為三節，手指前節為梢節，中段為中節，近指根這段為根節。腳趾也然。

全身的三節分得細，能自如運用，就能在推手中做到擊中節則首尾應，擊首者尾應，擊尾者首應。這樣在推手中就能較好地化解對方的勁力而順勢應擊。比如，對方制我臂三節中的肘，我給對方肘，以手出擊；對方制我梢節中的手，我以肘、肩出擊；這樣三節相應，配合身法，則能做到動急則急應，動緩則緩隨，隨手奏效。

上節不明即無依無宗，還有一個意思，就是頭是人的大腦所在，一切命令由頭發佈，全身的進退轉換必須由大腦指揮。心意一動，則全身各部分因敵而變化，所以對頭部的要求必須明。

如何做到三節互相接應？如何在推手中遇勁走勁，化背為順，達到化則打，打即化，黏即是走，走則是黏呢？

我們從實際手法中的表現來探討。比如自己被對方雙手按住肘腕，對方用力前按，我遇力即配合身法，手前臂放他前來，從一旁走過，並以肩靠對方的胸部。這是中節、梢節被擊，根節接應，一走即黏，一化即打。

再設對方雙手按我左手腕肘，我發現對方對我肘部用

力大，對我腕部用力小，我即中節肘部順其勢轉化，以梢節手隨轉前擊。

當然，肩、身各部位要齊進，這就是三節連環化解還擊。我肘部著人力，即把對方力的一部分轉移到我手上，我借到對方的力，及時還擊到對方身上，這是一種比較簡單的三節化發的例子。

由此推之，當對方在自己身上的其他部位用力，我都可以這種原則來進行化打。

太極拳的三節要明，就是要處處懂得運用三節應敵。在對敵中，形勢千變萬化，目不暇接，需要上節保持清醒，同時要懂勁，經過一段時間的實際訓練，就能得心應手。

運用三節的原理去應敵，會產生一個良性的效果，就是使對方感到自己的對手渾身都是手，全身各部位都能引、化、拿、發，他無從入手。高明的太極拳家渾身都是手，不是指有無數的手，而是指他身體處處都能配合成一個整體，在觸點處即能引化拿發。

比如，對方以手拿我肘，我的肘柔化，即以另一手按住其連著我肘的手或手指部位，旋轉肘手，對方即被拿住，這是我手與肘的配合。這時，手是手，肘也是手。對方用一手按住我肩，我肩部柔化，以另一手按住我肩上的他手，旋轉動，對方即被我拿住，此時我的肩也是手。我以胸、腹、肋配合手臂拿人，此時我胸、腹、肋部也是手。

肩、肘、胸、肋等部位當然不是手，表面上看，它們起不到拿人的作用，但一旦全身配合就能協助拿人，起到與手一樣的作用，所以讓人感到對方渾身都是手。

3. 以腰為軸，圓轉變化

　　以腰為軸，帶動全身圓轉，形成一個整體，這個整體勁即可把對方來力化解，並同時將對方擊出。一般是前半圈化解，後半圈打擊。對方由於先動、妄動，在進攻被化解後，身體處於不平衡狀態，因而被順勢發放出去。若遇上來力不知圓轉，就會被人發放，這時就成了力大打力小。

　　雙方推手時，若對方用力拿我左臂，我左臂則順勢圓轉以化其力，這是一個圓，腰胯圓轉又是一個圓，膝部順勢順轉或逆轉，化解對方來力並順勢出擊，這還是一個圓。要求手、眼、身、法、步密切配合，全身各部位都順勢圓轉變化，互相呼應，以合力把對方連根拔起，將對方發放出去。

　　圓轉的大小方向並無固定模式，一切從得機得勢出發，不從主觀妄想出發，這就是「招無招，無招勝有招」。常見的推手毛病是只固定在雙方接觸處圓轉，而不知道腰、胯、膝等處均要配合圓轉。

　　若下盤是死步，不知虛實轉換，全身圓就不順遂，易遲滯，被人制或發人不得力。

　　圓轉的動作要小，就能迅即將對方的來力化解，加上自己發出的合勁，對方在瞬間就會遭到打擊而仆跌。線路短、時間少，對方往往來不及反應和變化，沒有化解的機會。

　　太極拳下盤圓轉化打的情況也是很多的。在架子演練中，就有各種各樣的腿法。腿腳的進退、左右的移步，都是圓轉的，絕不是單純的直提、直踩、直踏、直踢、直蹬

的。腿腳的圓轉要與手臂的圓轉配合，上下齊發，就可使對方栽跌。

腳的動作有勾、擺、蹬、撩、纏、鑱、挑、壁、掛等，都是以圓轉為要。在推手時，下盤的動作可使人防不勝防，中招者立即被拔根而摔倒。太極拳的腿法在推手中有它獨特微妙之處，學者不可不詳細體會。

4. 引進落空合即出

在推手中，對方要推、拿或擊我，我則不頂不抗，順隨其力，讓對方作用到我身上的力瞬間化於無形，從而找不到著力點，這就是「引進落空」。對方落空後，我則「合即出」，將對方發放，這裡面的圓轉、鬆柔、開合、吞吐都是圍繞這一目的的基本方式。

引進落空具體的操作，就是鬆開對方要推、拿或擊的部位，讓那個部位順勢圓轉而動，使對方的力在一瞬間轉移了方向，在這一瞬間可以產生以下幾種效應。

第一，給對方一個錯覺，他誤以為已經抓住對方或擊中對方了，而我則在對方錯覺迷惑之時，獲得了反擊的時間與機會。

第二，能準確判斷對方情況。在引進的過程中，可隨時掌握對方來力的大小、方向、速度、虛實等，從而從容應對。聽對方的勁，順對方的勁，引空對方的勁，如果頂了抗了，就缺少了判斷對方情況的手段。

第三，獲得這一瞬間借力發放的最好時機。引進落空即把對方的力借到，加上自己的勁，順勢反擊，對方則喪

失了進攻和反抗能力，也就措手不及、莫名其妙地跌出仆倒。

第四，達到了以小力打大力，四兩撥千斤的目的。其他拳術都是大力打小力，但在這引進落空的一瞬間，就能實現小力打大力。

七、侯氏太極拳推手十論

（一）推手之圈乃太極圖

在外行人眼中看，兩個人在一起推手，只見兩人黏手搭臂，推來轉去，不知其妙何在。今日一旦點破，其妙立解，原來兩人搭臂在合作共同畫一個太極圖。故而，推手之圈乃太極圖也。太極圖之形，許多人可能在書報、雜誌、電影、電視中見過，然可能並不知此圖何意也。

所謂太極圖者，一語道破，是對立統一規律的形象表達。你看，一個圓圓的圓，中間一個S形劃過，將此圓一分為二，彷彿像兩條魚，首尾相接，栩栩如生，一黑一白，對立統一。

圓者，乃世界之象，宇宙之本，君不見，銀河系是圓的，太陽系是圓的，地球是圓的，原子是圓的，中子是圓的，質子是圓的，電子是圓的，誇克是圓的，整個宇宙，從小到大，都是圓的。故而，圓是世界的本相，符合實際，符合世界的本來面貌。

我們不是說「一切從實際出發」嗎？那就首先應該從世界是圓的這個根本實際出發。S形為何意？為變化之

意，而這種變化不僅體現了正弦曲線的高峰低谷效應，而且體現了否定之否定的螺旋式發展。

　　一個黑魚一個白魚則體現了對立統一規律。馬克思主義認為，世界的根本規律是對立統一規律，而太極圖則以形象而體現了對立統一規律。西方人善於語言邏輯思維，中國人則善於形象思維。

　　太極圖為距今1萬年前生活於陝西西部的伏羲部落所創，由此可見我中華民族的偉大智慧何其高矣，早在1萬年前就已經理解到世界的根本規律，並能以太極圖的形象表達出來，確實太偉大了。

　　太極圖在1萬年以來的中國文化發展中源遠流長，以太極文化的文化形態而滲透於諸子百家，特別是出現了太極文化最著名的三個應用—「太極三式」，即戰國時代的《孫子兵法》和《黃帝內經》，以及張三豐在明代所創立的太極拳。而太極拳從內容到形式都充分體現了太極圖的奧妙。包括這裡所說的太極推手，兩人搭手劃圈，原來就是在共同合作畫一個太極圖。

　　而太極圖符合天地之大道，符合世界的根本規律，那麼太極推手豈不是就成了符合世界根本規律的一種鍛鍊方法與搏擊方法了嗎？

　　懂得了這一點，我們將從高端透視推手，推手中的所有變化，所有技巧，所有化解手段，乃至擒拿與反擒拿手段的具體運用，歸根到底，不過是對立統一規律的具體運用而已，不過是陰陽互根，陰陽變化，陰陽滲透，陰陽轉化而已。由此而入，則可悟大道矣！

（二）太極推手中的「平衡」與「失衡」

太極推手中的「平衡」包含兩個內容，一為自身平衡，如形不破體，力不出尖，中正平穩，上下相隨，全身協調；二為雙方平衡，如沾連黏隨，不丟不頂，隨曲就伸，剛柔相濟。

而所謂「失衡」，同樣包括兩個內容，若為「自身失衡」者，或形體已破，或力量出尖，或有失中正，或上下不隨，或全身不協調，或因為自身動作失誤而導致「失衡」。若為「雙方失衡」，則因技不如人，被對方牽引，被對方控制，而失去平衡。

故而在太極推手中，不論是定步、活步、上下步，抑或是隨心所欲的推法，應務必保持平衡，即「兩個平衡」，一為自身的平衡，二為雙方的平衡。

欲達此「兩個平衡」，關鍵在於平時練習拳架的平衡，在 75 式中的每個式中都應體現平衡，保持平衡，方能在推手中應用平衡，推手中要時時處處感受平衡，雙方有一方不平衡者，瞬間就會被對方引發而栽跌。所以，推手就其本質而言是以自身之平衡而打破雙方的平衡，使對方因不平衡而失誤栽跌的方法。

在推手的每一個瞬間點上，尋找對方的不平衡點，雙方功夫的差異就在於誰更能保持平衡，誰不能保持平衡，廣義地講，這種對「平衡」與「不平衡」對立統一關係的領會與把握，即可劃分太極功夫之高下。

（三）論「沾連黏隨」

【沾】

沾者，在推手中，雙方手臂始終挨在一起，不使脫離。一旦脫離，就違背了「沾」，那也就不成其為太極拳了。太極拳的這一基本要求就是要沾住對方，而且在兩人三百六十度的圓圈中時時處處沾住對方，否則，太極推手從何談起，那就不成其為推手了。

在沾住對方時，對方每一個瞬間的力道變化己方才能「聽」出來，此即「聽力」，說穿了就是對對方力道變化的一種「細微感受」，「聽力」就是在這種細微變化中去用心捕捉對方力量變化的細微資訊，並同步作出反應而化解對方之力。

沾住對方就是要和對方離得很近，肢體始終互相接觸，隨時化解對方之力，並隨時準備擒拿或發放對方，使對方背勢而落敗，正是「於細微處見精神」，太極搏擊絕非蠻力出擊，亂打一通，而是接近的，相貼的，個性化的，心靈感應的，細微變化的「聽力」反應，此即為沾。

【連】

連者，意即連綿不斷，不使中斷。雙方推手是一個三百六十度大圈的來回循環運動，沒有一處為中斷處，當然，這個連綿不斷，可以是同方向，也可以反方向；可以平圓，也可以立圓，亦可以是斜圓，總之，不管怎樣劃圓，甚至來回折迭，圓環不斷。

勿使停滯，勿使混亂，時時得機，處處得勢，心意相合，圓環無端。正因為連綿不斷，才能化解對方之力；也

正因為連綿不斷，才能擒拿對方；可以說，雙方誰連綿到位，誰就更高一籌。

【黏】

黏者，以柔克剛之意。太極拳的鬆、柔恰好體現此意。不僅練拳架鬆柔，而且推手也很鬆柔，推手自始至終，全身放鬆，身心俱鬆，含胸拔背，沉肩墜肘，心平氣和，呼吸自然而平穩，無一處緊張，無一處僵硬，全身不著力，不受力，與對方搭手劃圓，以柔克剛，以圓克直，以巧對拙，以靜制動，方顯太極之威力。

【隨】

隨者，捨己從人，追隨對方之意，對方可以隨心所欲地對我用各種招式，他要手我給手，他要胳膊我給胳膊，要胸給胸，要腿給腿，真是要啥給啥，給他，讓他擒拿，當他拿你時，恰好也就是你隨著他走，然後反而將他拿住之時。這裡突出表現了陰陽轉化之意，彼拿我，反被我拿；彼的絕招成了致彼失敗的殺手；彼的先發制人使彼陷於被動；彼的有利條件反而使彼失敗。正是「禍兮福所倚，福兮禍所伏」。成功成了失敗，好事成了壞事，真是匪夷莫思。

太極圖中的陰陽轉化之理於此得到了淋漓盡致的表現。而我則以靜制動，後發制人，以無招勝有招，以無限破有限，以無勝有，正如老子曰：「無為方能無不為。」

（四）論「不丟不頂」

「不丟不頂」乃太極推手之基本原則，「不丟」即不

能鬆開，與「沾」同意義；「不頂」則為不能頂勁，不能抗勁。不管對方力大力小，一律不頂，對對方一切力，一律以圓形而化解之。

不頂是「化」力的前提，因「不頂」方能「化力」。要做到這點，我的全身以及身體每一個局部都必須如同一個萬向陀螺一般，可以隨心所欲地在三百六十度空間裡旋轉，不受任何力，只要有力過來，不管是整體力或局部力，不管是大力還是小力，不管此力的造成原因，拳打、腳踢、掌擊、指刺，乃至刀劍棍棒之力，只要我的身體感覺有力加之成突然襲來，也不管是整體或局部，立刻瞬間旋轉萬向陀螺而圓形化解之，而達「一蠅不能落，一羽不能加」，乃至一刀一劍不能落，一切力量無影無蹤，化解於無形。

在雙方推手中，彼之力隨時向我襲來，特別是手腕、手臂，乃至全身，不停地感受到對方的各種各樣的力量，如果我與彼頂勁，則失之太極，遠離大道，如若能處處勤加體會，反覆體會化解方法，數年之後，當可臻於熟練，這種太極化解，可以將對方一切來力化解，而不怕任何拳種的任何打法，掌其術者，柔可克剛，弱可勝強，誠為上乘功夫矣。

（五）論「剛柔相濟」

雖然太極功夫總體而言似乎是一種「柔術」，但從太極圖體現的哲學道理而言，並非一種「純柔」，而是「柔中帶剛」，「剛柔相濟」，「外柔內剛」的功夫。

一般來說，初學者無法將「剛」與「柔」統一在一起，對於練習到一定程度的人，在柔軟的圓形動作中已隱含有一定剛力，高水準的人，出手之間，內力蓄集而透達，搭手之間，內力如電。這種「太極內力」，古人稱之為「內家真力」，所謂「內家真力」可謂「鬆沉」之感，既鬆又沉甸甸的，彷彿「棉裡裹鐵」。

其訓練之法，「極柔軟而堅剛」，必須是在全身放鬆、安靜，不用力的前提下才能成功，正所謂「相反相成」者也。如果一味追求剛力，則反而難以成功。故而在放鬆安靜的前提下，才能練成「內家真力」，其力與外家力不同，與後天拙力不同，與硬功、橫練功不同，其力不是所謂呼吸與丹田之氣，而是太極靈動之力，應屬「氣隨意行，斂入骨髓」的骨髓內力，亦為長期全身協調訓練之整力，更為因放鬆而導致的一種「內力」。

這種太極內力必須在朝夕盤打的拳架訓練中而累積獲得，並在長期的雙人推手中而昇華為實戰內力。拳架與推手的同步進展，「剛柔相濟」的同時把握，經十年以上的持續精進，方可終成「內力」之正果。內力的收穫如同「有心栽花花不成，無意插柳柳成蔭，」在不經意之間，內力逐漸上身；在多少年的鍛鍊中，內力終於大成，至此，太極功夫可成矣。

（六）論「形鬆意緊」

「形」、「意」之辯歷來為內家拳之一個關鍵性的話語。但不論各門派怎樣具體解讀，內家拳卻有一個共同的

詮釋，在外形中應該隱含內意，在外形訓練中應該體現內意，由外形應該搜尋內意，鞏固內意，古人稱之為「借假修真」，意即「有形有象皆為假，無形內意方為真」。這是「形」與「意」的第一層含義。

「形」與「意」的第二層含義是「形鬆意緊」，而這正是太極之「形意」的根本特點。

所謂「形鬆」正是太極拳的根本，無論在拳架或推手中，乃至散手、實戰搏擊中，形體始終放鬆，全身上下儘量放鬆，所謂「虛靈頂勁」、「含胸拔背」、「沉肩墜肘」都是幫助身體達到最大限度放鬆的手段，同時，在每一瞬間的任一動作中，不得有任何整體與局部的緊張感，徹底摧垮後天之「拙力」與「僵勁」，不得有任何人為的用力，在放鬆中打拳，在放鬆中推手，在放鬆中搏擊，此乃太極之妙，亦為太極之本。

然而，太極圖中的陰陽對立卻告訴我們，「鬆」與「緊」是對立統一的辯證關係，二者相互依存，缺一不可，所謂「孤陰不生」、「孤陽不長」，二者缺一不能構成太極之意。故而在鬆中亦有緊也，何緊？「意」緊也。此處之「意緊」是指全神貫注，聚精會神，精神集中而專一，對外界視而不見，聽而不聞，只注意全身的感覺，這種感覺或整體、或局部、或朦朧、或清晰、或淺、或深，隨著時間的推移，這種感覺將會日益鞏固而強化，此即「內家真意」終於浮出水面，功夫上身矣。這裡要強調指出的是「意緊」不是人為地思想緊張，而是在心氣和平，心境安寧舒適，心情放鬆安靜的前提下的一種精神集中，

是排除雜念之後的精神專一。

在侯氏承架太極拳中還特別強調「以意承先」，這不僅是對拳架的要求，而且更是對推手、散手、實戰的要求。過去這種「以意承先」之意被視為本門秘而不宣的「訣竅」，今日我直泄天機，此處「意」者，有兩層含義，一者為技擊之意，包含拳架中隱藏的技擊之意，也包括在推手訓練中練就的化解、擒拿、反擒拿之意，更包括散手實戰中「一招制敵」、「招招制敵」之意；二者是指「功夫之意」，即指前述之「借假修真」而「悟」到的真意。二意合而為「太極之意」。在「三合一」訓練中，無論拳架、推手、實戰中三意合一，實則為「三合一」之本，乃為本門真實太極之本矣。

（七）論「推手僅為功夫之過程」

有人誤以為拳架、推手似乎是終極目標，其實，這種觀點是錯誤的。拳架、推手只是一個過程，並非終極目的。真正的終極目的有兩個：一為健身，二為防身。

因為本門為「三合一」功夫，故無論拳架或推手均含「三合一」之本意，即拳架、推手、實戰三合一，都包含這兩種目的。兩種目的二合一，合為一個目的，即練成「太極內家真意」，這種「內家真意」是因全身放鬆而獲得的「內家真力」，是因鬆極而產生全身或局部之「緊」，而後「鬆」與「緊」辯證統一的一種深層次的自我生命感受。從淺層次的「鬆沉」、「鬆緊」達深層次的靈魂之感，直達中國特色身心修煉的最高境界。是從無極

態到太極態，從太極態到生命靈能的完全激發，使自我個體生命充滿了生機勃勃的生機與活力，而使生命能量達到極大值的昇華自我生命到可能性的極致。

特別使生命的自我保護能力，抵禦各種外來不法侵害之能力，達到高水準而使自我生命正常延續完成個體生命的全部程式，終達修身養性，益壽延年，體驗自我生命感受的最高境界，方不枉人生走一遭也。

（八）論「上下相隨」

所謂「上下相隨」，一則指上半身與下半身相應而協調；二則指上中下三盤功夫的綜合運用；三則為整勁合一的全身動作。

在「上下相隨」的話語中，同時必須蘊含上述三層含義，上與下為對立統一的辯證關係，上下一致，才能體現太極圖的陰陽和合含義，上不動下動，下不動上動均為片面之形而上學，而陷入「孤陰」與「孤陽」之境，故「手到腳到」，「腳到手到」，出手必同時出腳，出腳亦同時出手，上下相通，上下合一，上下一致，上下同步，相互協調，缺一不可。

在推手中的「上下步」即體現了「上下相隨」，在活步推手中必定體現「上下步」之用法。在推手中一般人最大的弱點就在於只有上而無下，上下不能相隨，以至於勢背而落敗。「上下相隨」必須體現在從拳架到推手的所有動作中，所有環節中。「上下相隨」就其根本體現的是整勁合一的全身性動作，太極拳「一動百動」，「高度協

調」，故方能產生「整勁」，「整體力」，那些彷彿是一個局部的動作，甚至一個手指的動作，其實都是整體高度協調的動作。

（九）論「順背」之關係

「順」與「背」是推手中的基本關係，它體現了雙方對抗的趨勢與目的。「順」與「背」是對立統一的辯證關係，由推手雙方的全部動作而表現出來。

除過一般性的互相依存，互相轉化之外，特別地表現為我「順」彼必「背」，彼「順」我必「背」，我的一切努力都是為了我「順」而令對方「背」，「順」者必順利、順遂、順通、順心、順意，「背」者必彆扭、難堪、失衡、栽跌、摔倒。

高手與庸手的區別在於，高手一切都「順」，庸手一切都不順，甚至高手的「背」也立即可扭轉為「順」，乃至「背」成了陷阱，成了誘敵之手段，成了「殺手」與「妙招」，能瞬間從一切「背」勢中轉為「順」勢，才是真正的高手。

而對於庸手而言，一切「順」都可能成為「背」，成為導致自己失敗的根源。真是《道德經》所言「禍兮福所倚，福兮禍所伏」。好事變壞事，壞事變好事，「順」與「背」之轉化亦令人匪夷莫思。故而，初學者先學順勢，再學避免背勢，再學化解背勢，最終超越「順」、「背」，無所謂「順」，無所謂「背」，一招制敵，招招制敵，方能永遠立於不敗之地矣。

（十）論推手的「三層功夫」

此處之「三層功夫」，既非「明勁、暗勁、化勁」之意，又非「小乘、中乘、大乘」之分，而特指「有為、有無為、無為」之三階段，或曰「規矩、半自動、全自動」三階段。

第一階段為「有為階段，明規矩，遵要求，一板一眼，從頭學起，「沒有規矩，不成方圓」，此時比較死板、機械，但為必經階段；

第二階段為「有無為」階段，既「有為」又「無為」，在規矩的基礎上拆解招數而靈活運用，靈活性增強，亦間或有個性的創新性特色，屬於「半自動」階段；

第三階段為「無為」階段，粉碎形式，打破規矩，「無招勝有招，無限勝有限」，「無勝於有」，全憑潛意識意念發動，瞬間感應，數十年之功夫運化，凝於一瞬，非同小可，功力所向，橫掃一切，隨心所欲，捨己從人，無招無式，處處妙用，力由心生，招從意出，發於心靈，起於本性，無拘無束，一片神行，誠所謂「一法不立，萬法並容」，「拳無拳，招無招，意無意，空靈妙用，全憑心意，無意之中見真意」而達上乘之境界。

在高層次之境界，「太極圖」化為「心意」，「靈意」，而產生「靈感」之「靈動」，「易禪合一」，佛道融會，心意相通，心身貫通。此乃大乘之境，亦為化境之終極目標。

第六章

侯氏太極拳散手實戰訓練

「上打咽喉下打陰，左右兩肋中在心，雙風貫耳向前進，緊跟黑虎雙掏心，左右拳打紫金關，二龍戲珠緊著跟，下節兩臁並兩膝，腦後一掌見真魂，急用三拳封上下，滿面開花要打準，鷂子翻身貫頂劈，選擇傳授於後人。」

一、練習散手的基本要求

1. 拳架要和實戰相結合

練架時面前如有人，實戰時面前如無人，也就是說練拳為了實戰，實戰就要練拳。練時連綿不斷，行雲流水，意氣君，骨肉臣，意要領先，全神貫注。實戰時，一招既出，滾珠連發，脆冷快狠，如開弓無有回頭箭，不能有半點鬆懈；稍許的鬆懈，必然吃大虧。

2. 心理和技能相結合

練拳者對自己要有信心，與人交手心要佔先，膽要正，頭要清，要有心計，攻人攻心，預設陷阱，誘敵上當。這就要求在技能上狠下工夫，技能來不得半點虛假，

只有時時操演，朝夕盤打，功才能強，藝才能精，技高膽子就正，才能在與敵人對壘時，立於不敗地。

在散手實戰中講究發手要冷、脆、快、狠、毒、驚咋、彈抖，並連環進招，勁路不斷變化，使對方沒有喘息之機。手法上講究擒拿抓閉，分筋錯骨，採捌折迭。

太極拳的運轉是以圓為宗，以圓穩固自己的重心，把對方引入圓圓之中，虛實變化，陽不離陰，陰不離陽，陰陽相濟，從而越練越精，達到人不知我，我獨知人的高級境界。

交手時，必須看住對方的手腕與肘關節，手和肘是打人的工具，同時也是看守門戶的工具，我們控制了對方的手和肘，使他欲進不能，欲退不得，門戶難守。

我若端其肘往高處走，自然拔了對方的根，使其無力反抗；我若折疊其肘，對方也無法反抗。若用一手拉對方的手，一手端其肘，使其肘成一直棍，進退則由我。所以練拳架時要特別注意兩手之間的距離，在拳架中，始終是一手領，一手跟，前腳走，後腳跟。

在搏擊中，不論是前打、後打、上下打，都是採用前手打，後手催，形成一個整體的太極勁力而打出。

見空不打見橫打，見空不高見橫高。拳諺云：「操練時無人當有人，遇敵時有人當無人。」要勇往直前，無所畏懼。

與敵交手時，要以順避逆，上下相隨，沾連黏隨，不丟不頂，纏繞螺旋，運用太極的圓與弧穩住自己的重心，迫使對方失去重心，拔去其根，將對方扔出。

二、拳架的散手應用舉例

1. 起 勢

對方抓住我雙腕，我則鬆胯，引進而使其勁力落空，並抬腿頂襠，兩手雙風貫耳其頭部，再用手掌擊其面部，上步將其發出。

2. 金 剛

（1）對方右手抓我左手腕的同時，我以鬆引進，並用右手扣其右肘，同時抬腿頂襠制之，並擔肘將其向我後方扔出。

（2）對方用右掌攻擊我，我則用右手接其右手而向右側後牽引，同時用左手拳擊其右臂並控其右肘，然後轉身捋其右臂，再回身用右肘擊其面門而將其擊出。

（3）對方用右手攻擊我，我用左手將其右手向左側領帶，用右拳擊其腹、胸，直頂上腭，同時抬腿頂其襠部。

3. 攔紮衣

（1）對方右手抓住我右手腕，我左手控其右肘，並以左腿為重心，右手向上領起而化解之，隨即左腳向對方左前側上步，翻其肘將對方發出。

（2）對方用右手攻擊我時，我出右手順時針旋轉向下再向其右側牽引其右手，然後用右手擊其面門。

4. 白鶴亮翅

對方左手抓住我左手腕，我右手控其左肘，並以右腿

為重心，左手逆時針向上領起，隨即左腳向對方右前側上步，翻其肘將對方發出。

5. 單　鞭

在對方右手擒拿我右手時，我右手牽引其右臂逆時針向我右側運轉，同時我左腳向對方右側後上步，隨即以我左肱上頂其右肘而將其擔出，再向其右肋打一肘，進身用左臂將對方擊出。

6. 左白鶴亮翅

對方用右手攻擊我時，我出雙手接其右臂而向我右側領化，同時起左腳踢其小腿脛部將其腿挑起，使對方向我右側後摔出。

7. 斜　行

對方用右手攻擊我時，我出右手向我右後側上領其右臂，同時左腳上步，然後以左腿為重心屈身，右腳上步到對方左前側，用左手掀其右腿或用左手推其右後部而將對方發出。

8. 伏　虎

對方如果在後面抱著我時，我鬆胯、橫出右腿下身並向左後頂肘，頂肘後隨即抄起其腿，順時針向右抬起而將對方摔出。

9. 小擒拿

對方用右手抓我右手腕，我用左手將其右手格開，右腳上步到其跟前，用右肘將對方擊出。

10. 肘底捶

對方用右拳攻擊我時，我用左臂格擋的同時，上左步

用左拳擊其面門，隨即用左肘擊其胸口，右拳擊其腹部而將對方擊出。

11. 倒捲肱

對方用右拳攻擊我時，我用左臂格擋的同時，上左步用左掌擊其面門，同時右拳擊其腹部，並可向下抹掌，隨即再退左步並出右掌為連環掌。

12. 高探馬

對方用右拳攻擊我，我踢其小腿骨，用右手向後牽引對方而將其扔出。

13. 左蹬腳

如果對方有兩人攻擊我，我腿腳和雙手同時而打出。

14. 青龍探海

對方用右拳攻擊我，我在對方伸手之際，上左步用左手壓其掌，並同時出右拳捶打其胸腹部。

15. 轉身二起腳

對方用右拳攻擊我時，我踢腿攻其襠胯，同時出雙手制其右臂，然後上左步，右手向前抹其臉部。

16. 鷂子翻身

對方用右拳攻擊我時，我上左步接手，隨即右腳抬起攔在對方腿前，然後我轉身，右手領其右臂，左手按其後背，兩手相合將對方發出。

17. 旋腳蹬跟

對方用右腿向我踢來時，我抬起右腿向外掛其腿，然後回踢其襠胯部。

18. 攔腰掌

對方用右拳攻擊我時，我用右手抓住其右腕，隨即上左步至對方右側後，同時用左臂攔腰掌擊打對方右肋部，並可進身將其發出。

19. 抱頭推山

對方在我身後摟我時，我鬆胯並下蹲，再向上領起，發出。

20. 前照、後照

在對方出左手攻擊我時，我用前照，右腳上步到對方左後側，同時左手向我左側領帶其左手，右拳擊打對方左腰腎部；在對方出右手攻擊我時，我用後照，左腳上步到對方右後側，同時右手向我右側領帶其右手，左拳擊打對方右腰腎部。

21. 野馬分鬃

對方用右手攻擊我時，我向其右後側上步，同時我右手將其右手向我右側牽引，左手運至其胸前，進身將其發出。

22. 玉女穿梭

對方用右手攻擊我時，我出左手向上牽引其右手，同時出右手刺對方喉部，這也叫白蛇吐信。

23. 雲　手

對方用右拳攻擊我時，我右腳上步，同時用左手向我左側領帶其右手，然後用右肘擊打對方右肋或前胸部。

對方用右手攻擊我時，我出左手拿其右手下壓，同時我右手變拳向其襠部擊打。

三、擒拿與破解舉例

太極擒拿及其破解法在太極拳術中是秘中之秘，侯氏太極拳繼承了三豐祖師的一脈真傳，將太極擒拿及其破解法運用得爐火純青。過去，反閘內弟子而不傳，現將其部分內容予以披露，以饗讀者。

1. 破「金絲纏腕」

雙方都抓住對方右手腕後，當對方用左手扣住我右手來纏我手腕之時，我用左手從對方手臂內側扣住其左手，同時拐右肘向下壓其左臂。

2. 破「化解單擒手」

在我右手拿住對方右手之時，對方欲化解我之擒拿，我順其勢向高處挑起為宜，對方則會在我翻手的情況下而倒地。

3. 側翻式拿手

對方出右掌攻擊我時，我以雙手拿住對方右掌並向其右側下翻制他，還可進一步翻肘制他。

4. 破「側翻式拿手」

在對方出雙手拿我右手時，我右腳上步到對方左側而將其發出。

5. 雙擒手

對方出右掌攻擊我時，我以右手拿他，同時出左手制住其右肘；或者出左手從其手臂內側制住其小臂，並向左轉身制他，並可進一步用側翻式拿手制他。

6. 連續採拿

對方出右掌攻擊我時，我以雙手拿他右手，然後左手翻手採其四指將其身體挑起，再出右手採其左手拇指而別其手，並用左手拿其左肘將其向我左側甩出。

7. 破「單擒手」

（1）對方右手擒拿我右手時，我鬆開右肘，並以右腿為重心，出左腿到其右後側，同時出左臂擊其右肋，將其擊出。

（2）對方右手擒拿我右手時，我鬆開右臂，順其勢向我右側牽引，並以左腿為重心，出右腿到其左前側，並探身用左手勾其右腿，再進身將對方發出。

（3）對方右手擒拿我右手時，我順其勢向我右側上方逆時針劃弧引領，同時用左手扣住其右手，將他引到高處之後再向其右側折下而使對方傾倒。

（4）對方右手擒拿我右手時，我順其勢向我右側下方引領，同時用我之左臂擔其右肘將其發出，或繼續左腿上步至其側後，同時用左手在其右臂內側拿其肱部，向我左下側別出，使對方傾跌。

（5）對方右手擒拿我右手時，我以右手採其手指並外旋而將對方採下。

（6）對方右手擒拿我右手時，我順其拿我之勢，以左手扣住其右手並向其右側引領，同時以右手側翻其手將其採下；還可用右肘擊其頭部而將對方擊出。

（7）對方左手擒拿我左手時，我則同時握緊其左指，並向外翻轉，進而用右手拿住其左手，並用騰出的左

手擔其左肘，向左轉身將對方發出。

（8）對方右手擒拿我右手時，我以右腿為重心屈身，左腳上步至對方右後側，將其右臂挑起，我的頭部進到其右臂內側，左肩背及左臂進到對方胸前，然後向左發勁將對方發出。

（9）對方左手擒拿我左手時，我向左轉身，並將對方左臂挑起至我右肩上，向左下牽引對方左臂，用右肩擔其左肘，將對方發出。

（10）對方右手擒拿我右手時，我以左腿為重心屈身，右腳上步至對方前方，勾住其左腿，用左手抱其右腿，進身將對方扛出。

（11）對方右手擒拿我右手時，我右臂逆時針向上領起，用左手扣其右手，然後向其右側下落，並用右肘擊其頭部。

8. 疊勁折手

對方出右手攻擊我，我用右手接手並將其手向高處引領，同時用左手控制其右肘，然後反折其手指而下，合勁為疊勁，進而將其手肘順時針翻轉而拿下，並可拐勁與回勁合力，使其更加背勢難過。

9. 反疊擔肘

對方出右手攻擊我，我用右手擒拿其右手，向其右側疊手，進而引向我之左側將其右臂引直，然後用左手擔其右肘而將對方發出。

10. 破「疊勁擒手」

（1）如果對方以左手擒拿到我的左手，右手控制我

的左肘而折疊時，我順其勢，屈身換步，重心移到右腿，身體向左轉動而起身，同時用右手擔其左肘而將對方發出。

（2）如果對方以左手擒拿到我的左手，右手控制我的左肘而折疊時，我順其勢而屈身，以右腿為重心，左腿向對方右側後上步，勾其右腿，並進身將對方發出。

（3）如果對方以右手擒拿到我的右手腕，左手控制我的右肘而折疊時，我則用左手扣住對方的左手，然後右肘垂直向下壓對方左手而使其不能反抗。還可順時針轉動右臂，用右手扣住對方右手腕而翻轉，左手撤回按其右肘，將對方發出。

（4）如果對方以左手擒拿到我的左手，右手控制我的左肘而折疊時，我左臂順其勢順時針向我右下方轉動，用力下撤而放倒對方。

11. 上擒下拌

（1）對方出右手攻擊我，我用右手擒拿其右手，並將其右臂向我左側收引，同時以左腿為重心，右腿向對方左側後上步，勾其左腿，並進身將對方發出。

（2）對方出右手攻擊我，我用右手擒拿其右手上領，同時右腳上步至對方右側後，左臂抬至對方胸前，用橫向力將對方擊出。

12. 破「採手」

對方左手抓住我的左手下扣之時，我身體下沉，以右腿為重心，腰胯隨之向右轉動，左腿向前方邁出，向右轉身並掂起，在轉身之時反扣對方左手而制住對方，並可進

而向左轉身下扣對方左手，使其下蹲無法反抗，或者上扣對方左手，將其挑起發出。

13. 破「上挑採手」

如果我左手被對方採住轉身而挑起，在挑的過程中我以別勁為主，順時針旋轉而將對方別下，摁著對方送出去。

14. 破「抓腕」

對方出右手抓住我的左手腕，我左手則順時針向左上方旋轉扣住其右前臂，同時用右手扣住其右手，這樣一來則把對方扣死，隨後用力，將對方拿下。還可繼續左腳向前上步，封其雙腿，頂肘而將對方發出。

15. 破「別手」

（1）對方兩手抓住我右手向下別拿時，我右腳向右側上步，斜行而轉，然後右肘向前拐肘，向下落肘而破對方。

（2）對方兩手抓住我左手向下別拿時，我左肘順時針旋轉以拐肘破解，讓他無力可走，然後左腳插步到對方右側後，向左運身將對方發出。

16. 破「拐肘」

在我拿對方之時，對方若拐肘而上時，我則以盤肘而其後向捲起，以裹肘而落。

17. 金絲纏腕

對方用右手抓住我的右腕，我也對抓其右腕，同時用左手扣住其右手，右腕向下切而將對方拿下。還可向外旋臂，反勁而別其右臂，再換左手至其右臂內側，扣其右手

而向左側轉身將對方發出。

18. 採挒合手

我用右手拿住對方左手手指並向下折，將其左臂挑直，身體挑起，然後用左手拿其左肘，轉身發勁將對方發出。

19. 破「上採手」

對方用右手抓我左手指並用採勁挑起我的時候，我重心移到左腿，並向右轉身而卸其採勁，右腳向前上步走，同時將其右臂領起，左手扣在其右肘上，進身將其用擠勁發出。

20. 破擒拿小組合

對方用左手抓住我左手腕，我即將重心移到右腿並屈身，同時用右手控其左肘，進身向上引領其左臂，左肘擊打其頭部，然後逆時針旋擰其左臂將其發出，也可用右手拿其小臂下按使對方臥倒。

四、太極拳散手實戰高級功夫必備的條件

1. 對拳架運用熟練到位

侯氏承架太極拳共計 75 式動作，侯轉運先生對每式動作的理解與運用都達到高水準。

在常人看來很平常的一個動作，經侯先生解釋和運用，立刻變成了凌厲的殺手，一旦運用，令人心驚膽寒。甚至就連「起勢」、「收勢」這些被一般人認為沒有什麼技擊功能的動作，在侯先生那裡都成了高水準的技擊手

段，真是令人匪夷莫思。

侯轉運先生可以在推手與實戰搏擊中隨心所欲地運用75式中的任何一式，並且招招制敵。

2. 渾厚的太極整體內力

經過三十多年的不間斷修煉，侯轉運先生的太極內功已達整體渾厚之境界，隨意一個動作，都是一動百動，顯示出和合凝聚的整體內勁；隨意一個姿勢，都是棉裡裹鐵，體現出內勁透達；不經意間的一拳一掌，均隱含雷霆萬鈞之意。在與人搏擊時接手的一瞬間，就可內勁爆發，發人於丈外。

凡與侯轉運先生推手者，均感侯先生之力難以捉摸，說有就有，說無就無，瞬息變化，無蹤可覓。看似毫不著力，突然堅硬如剛。

侯先生在隨意一個動作中，可使內力透達全身，其拳、掌、腿、腳的使用，猶如鋼筋鐵棍。故與侯先生進行散手搏擊者，均感侯先生是「出手如紅爐鐵，人莫敢挨之」。

侯轉運先生認為，太極內力就其本質不應該是所謂丹田之力，而應該是骨髓之力。不僅是在脊椎，而且充盈於全身筋骨之中。其內家真力來自數十年如一日的朝夕盤打的拳架訓練。由於拳架訓練的特點在於「鬆、柔」、「用意不用力」、「圓形、弧形運動」，故而才能達到「內斂於髓」的最終結果。

侯先生由此而得出「內家功夫在骨髓而不在於丹田」的結論。正所謂：「極柔軟然後極堅剛，致圓形而達內家

力」。

3. 無與倫比的「閃電手」速度

侯轉運先生的反應能力似乎來自於先天素質，加上他幾十年的太極訓練，其動作的速度達到了極其迅捷的程度。凡與之搭手者莫不驚歎其「閃電神手」。

在推手中，若你要擒拿他，必被他截住；但他要拿你，你絕對跑不了。

在散手搏擊中，侯先生總是後發而先至，遲出而先到，使人傾跌而落敗。做到了太極功夫的「彼不動，己不動；彼微動，己先動」。

當有人問到侯先生的動作速度何以如此快捷，侯先生說：「世人誤以為以快速動作訓練的方法方能致快，其實不然，實際上，極緩慢然後才能達到極神速，極細微然後才能有整體，極凝聚然後才能有爆發。」

侯先生在練習拳架時，充分體現出緩慢、細微、凝聚，正是「反者道之動」，易道太極的相反相成的方法在這裡得到了充分的體現。

4.「落空」、「放空」的「打空」戰術

太極拳散手戰術的根本究竟是什麼？侯轉運先生認為歸根到底就是一個「空」字。

當年侯春秀先師在總結太極拳戰術應用時曾說過一句名言：「打重不如打輕，打輕不如打空」，侯轉運先生從小深受「打空」思想的薰陶，對「空」有獨特的理解，並體現在推手及實戰的具體運用上。當對方一旦襲來，將其力瞬間化解並使其落空，即「引進落空，牽動四兩撥千

斤」。

「放空」的意思是，在對方感到「落空」，心中暗叫不妙時，已被借力使力，凌空拋出。跟勁好的人被「放空」之後尚可保護自己，跟勁差的人就可能受傷。

由於侯先生極善於「引進落空」和「打空」，所以一般人跟侯先生推手都不敢用力。當然，在訓練中侯先生都是點到為止，既能讓對方感受到某種勁力的效果，又不會使其受傷。

侯先生經過多年的探索，已摸索出一套行之有效的訓練方法，可在短期內使受訓者掌握「放空」的戰術技巧。凡受訓者一旦學習掌握了這一技巧後，都感到非常的興奮，且深感太極功夫的不可思議，其太極拳水準便達到了一個新的境界。

5.「無招勝有招」的意念功夫

侯轉運先生認為，在練拳初期，丁是丁，卯是卯，沒有規矩，不成方圓。對初學者一板一眼，嚴格要求，紮實訓練。當練到一定水準後，就開始有了一定的靈活性，這時需要舉一反三，融會貫通。

練到高水準後，「不求形骸似，但求神意足」。此神意者，乃是多年訓練而形成的一種高度協調的自我整體感受，是一種自我生命體驗的巔峰感受。

這時，「借假修真」階段已經完成，潛意識靈魂已然達到「悟真」修證階段，一舉手，一抬足，無論是對自我，還是對對手，均感洞若觀火，心中自明。

這時，已無所謂練，也無所謂打，練即打，打即練，

打練合一；隨心所欲，舉手投足皆成章法；捨己從人，超越規矩，打破形式，神行合一。

這時，無招勝有招，無限勝有限，從而臻於太極功夫「拳無拳，意無意，無意之中見真意」的上乘境界。

第七章

侯氏太極拳養生內功

侯氏太極拳養生內功內涵豐富，博大精深，是中華太極文化的重要內容，也是中華養生功法的一朵奇葩。

武當太極拳養生內功源自距今六百年前，張三豐祖師見世人有練功者，因後天之力用之過當，以致損丹而傷元氣，即以周易太極之理為本，創出一套舒筋活絡，怡養內氣的養生功法，此法可令修煉者後天返先天，修補五勞七傷之病灶；老樹接嫩枝，直達益壽延年之根本。

新中國成立後，由侯春秀先師將其公之於世。其養生功法共有六大法門，分別為「無極站樁功」、「太極無梢功」、「太極圓樁功」、「太極內力功」、「太極無為功」以及「太極內丹功」，正合六爻之義，構成武當太極拳養生功法的完整體系。下面分別予以介紹。

一、無極站樁功

此功為萬功之本。雙腳分開站立，膝蓋微彎，虛靈頂勁，含胸拔背，沉肩墜肘，全身心在保持姿態的前提下儘量放鬆，舌抵上腭，雙眼輕閉，雙手臂自然下垂或置於大

腿前，無思無為，排除雜念，反覆體會鬆、靜、空、定、沉的感覺，其感覺模糊而微妙，心靜如心，對境無心，如如不動，物我兩忘。

此時，丹田先天元氣會自然發動而開啟，意融融，暖融融，內氣鼓盪，亦可能直沖命門，而致腎間動氣，丹田命門打成一片，則為周天氣轉而打下堅實基礎。

內氣一旦循徑而上，過三關，達夾脊，沖膏肓，抵玉枕，則小周天可通並致沿督脈為徑，自動修補病灶，而達祛除百病，延年益壽之本。如要練其他功法和太極拳，必先由此而起步，正應「無極生太極，太極生兩儀，兩儀生四象，四象生八卦」之妙。

二、太極無梢功

無梢者圓環無端，無始無終，環環相扣，循環不已。可調內氣，可疏經絡，使身心、內氣、精氣神圓融圓滿，久練之，其妙自生。本功常用的有四種功法。

1. 開圓功

雙腳分開如馬步，架勢高低均可，然後雙掌分上下、內外而協調劃圓，一掌上則一掌下，一掌內則一掌外，一動百動，錯落有致，久練內力自生。

2. 合圓功

與開圓功方向相反，雙掌沿反方向運動。

3. 側圓功

雙臂輪流在兩側由後向前劃圓，同時在上步的行進中來操作。

4. 立圓功

與側圓功上半身動作相同，唯一不同的是雙腿向後倒行，並配合上身雙掌動作。

三、太極圓樁功

太極圓樁功常用的基礎練法有：外撐法、雙托法、合氣法、雙輪法、展翅法、下撐法。

1. 外撐法

雙掌掌心向外外撐，或直或斜，或上或下，得機得勢，內感強烈，是修煉掌法的不二法門。

2. 雙托法

雙手置於小腹前，手心向上，隨左右腿分別向前，雙手也隨身形向前，體會協調性。

此法可使鬆、沉到位。雙掌或遠或近，或高或低，氣凝丹田，內氣鼓蕩，對修煉內力大有裨益。

3. 合氣法

雙掌在胸腹間劃圓，上下合氣，可通任脈，利三焦，上下相合，騰落有致，氣血調和，陰平陽秘。

4. 雙輪法

雙掌上下在胸前劃立式圓，掌心相對，可令氣血下沉，意達丹田，丹田內氣凝聚，一動百動，可使全身協調。

5. 展翅法

雙掌在胸腹間同時由內向外劃圓，可令督脈氣血上升，氣通夾脊，導致內氣鼓蕩。

6. 下撐法

雙掌十指向下，掌心向外，從身體雙外側向下運動，既可使任脈氣血下行，又可使雙臂雙掌內力透達，對修煉內意、內功不可多得。

上述圓樁氣功六法，節節貫串，一氣呵成，構成一個獨特太極內煉養生與技擊體系。

四、太極內力功

太極內力為道家內家真力，是太極養生、強壯身體的獨特法門，久練之，可令弱者變強，病者變壯，內氣充

盈，發動神速，是為脈衝內功之不二法門。本功法共分八節，亦稱「太極內功八式」。

1. 活腰功

雙腳並列緊靠，放鬆安靜，膝蓋彎，雙手在腰後命門外互握，先逆時針再順時針旋轉腰部，各三百下後丹田火盛，命門氣旺，胃腸響聲轟隆陣陣。久練之，可使邪火自敗，毒氣自泄，強根固本，根深葉茂，通脊通臂通背，百病消除，內氣強壯，生機蓬勃而起。

2. 推手功

雙腳分開，雙掌自左向右隨腰身轉動而劃圓數百次，再反方向而做之。此功對打開命門，貫通丹田命門意義重大，為先天元氣積聚而沖關，流轉周天打下堅實基礎。

3. 周天功

雙掌隨身形自下而上，再隨身形自上而下，直接導引小周天與大周天。久練之，周天水到渠成，瓜熟蒂落，內氣運轉全身，無微不至，祛除疾病，益壽延年。

4. 運肩功

雙肩連通膏肓，連通任督二脈，運動雙肩意義非同小可，可排除膏肓之病氣，從根本上卸載一切病根病氣病灶，又可使任督相接相連，達到通脊通背之本，而度百歲乃去。

5. 抓地功

世人皆知練手、練掌之功，無人可知練腳趾腳掌之功，竟不知腳部如何修煉。說來如此簡單，令人難以置信，太極內功修煉秘而不宣，隱而不發，暗而不示，從外表卻看不來。

原來只要用腳之十趾緊扣地面向前行走即可。此法既可以只扣地面行走，也可以走一下，腳掌上抬一下，或兩法分別練之，一旦習慣成自然，則腳趾腳掌生根，牢抓地面，氣血下行，下盤穩固，全身貫通，上下相隨，不僅對內力迸發大有裨益，而且對於強筋健骨具有神奇效果。

6. 抓拳功

雙手十指分開，雙掌隨意向外伸出，再向回抓來，反覆訓練，則內力自生。必須全神貫注，聚精會神，動作協調，一動百動。此功對於凝聚內力，氣斂於髓，強筋健骨，益壽延年有明顯作用。

7. 繃指功

十指伸展，自然用力伸直，再彎曲最前端的第一指關節，可以配合全身做任何動作，天長日久，十指內力充盈，對於提高十指功力作用突出。

8. 排打功

配合呼吸，呼時雙臂擊自己雙肋或下腹，順其自然，

自然用力，可強健五臟，利氣血下行，並可疏通經絡，對強壯身體大有作用。

五、太極無為功

太極無為功以《道德經》之「無為方能無不為」為指導，識神退位，元神主事，出於本心，發於性靈，一法不立，萬法並容，有感皆應，隨心所欲，而可大可小，可動可靜，可強可弱，可剛可柔，可有可無，可鬆可緊，名曰「自發」，實為內感。

在放鬆安靜條件下，全自動發功，「無極生太極，太極生兩儀，兩儀生四象，四象生八卦，八卦生萬物」，或曰「道生一，一生二，二生三，三生萬物」。

天機發動，內氣自生，丹田鼓盪，全身有感，一旦發動，則氣象萬千，然而每個人又各具個性特色。真是百花齊放，百拳百妙。此功對於祛除疾病，自我調理，內功進展，攀升境界，既為根本方法，又為高層境界。但此功應在老師指導下訓練。

六、太極內丹功

此功為金丹大道內丹功，主要方法以鬆靜為要，「萬物負陰而抱陽」為本，調身調息調心，「綿綿若存，用之不勤。」「恍兮惚兮，渺兮冥兮」，安鼎立爐，「煉精化氣，煉氣化神，煉神還虛，合虛還道」，進入無極太極

狀態，意融融，暖融融，氣融融。正所謂「得其一，萬事畢」。似有非有，似守非守。

武當派張三豐祖師在東漢魏伯陽、南宋張伯端基礎上，把內丹功與太極拳相結合，再加上其他養生之法，壽命直達 247 歲。此乃中華太極養生法之至高境界也，亦是對人類養生之道最獨特的偉大貢獻，是對自我生命感受與修煉之最高水準。但此法必須具備一定條件，並在導師指導下修煉，方可直入大道，修成長生不老之金丹，而獲太極養生之根本。

第八章

張三豐太極拳及內功理論

一、大道論

1. 上　篇

夫道者，統生天、生地、生人、生物而名，含陰陽動靜之機，具造化玄微之理，統無極，生太極。無極為無名，無名者，天地之始。

太極為有名，有名者，萬物之母。因無名而有名，則天生、地生、人生、物生矣。

今專以人生言之。父母未生以前，一片太虛，托諸於穆，此無極是也。無極為陰靜，陰靜陽亦靜也。父母施生之始，一片靈氣投入胞中，此太極是也。

太極為陽動，陽動陰亦動也。自是而陰陽相推，剛柔相摩，八卦相蕩，則乾道成男、坤道成女矣。故男女交媾之初，男精女血，混成一物，此即是人身之本也。嗣後而父精藏於腎，母血藏於心，心腎脈連，隨母呼吸，十月形全，脫離母腹。斯時也，性渾於無識，又以無極伏其神，

命資於有生，復以太極育其氣。氣脈靜而內蘊元神，則曰真性。神思靜而中長元氣，則曰真命。渾渾淪淪，孩子之體，正所謂天性天命也。

人能率此天性，以複其天命，此即可謂之道，又何修道之不可成道哉！奈何靈明日著，知覺日深，血氣滋養，歲漸長成，則七情六欲，萬緒千端，晝夜無休息矣。心久動而神漸疲，精多耗而氣益愐，生老迫而病死之患成，並且無所滋補，則疾病頻生。而欲長有其身，難矣。

觀此生死之道，人以為常，誠為可惜。然其疾病臨身，亦有求醫調治，望起沉疴，圖延歲月者，此時即有求生之心，又何益乎？予觀惡死之常情，即覓長生之妙術，辛苦數年，得聞仙道。

仙道者，長生之道也，而世人多以異端目之。夫黃老所傳，亦正心、修身、治國、平天下之理也，而何詫為異端哉？人能修正身心，則真精、真神聚其中，大才、大德出其中。《聖經》曰：「安而後能慮」，富哉言乎！

吾嘗論之矣，有如子房公之安居下邳，而後能用漢報韓；諸葛君之安臥南陽，而後能輔蜀伐魏；李鄴侯之安養衡山，而後能興唐滅虜。

他若葛稚川之令勾漏，趙清源之刺嘉州，許真君之治旌陽，是皆道成住世，出仕安民者。彼其心，不皆有君父仁義之心哉？

予也不才，竊嘗學覽百家，理綜三教，並知三教之同此一道也。儒離此道不成儒，佛離此道不成佛，仙離此道不成仙。而仙家特稱為道門，是更以道自任也，復何言

哉！平充論之曰：「儒也者，行道濟世者也；佛也者，悟道覺世者也；仙也者，藏道度人者也」。各講各的妙處，合講合的好處，何必口舌是非哉？夫道者，無非窮理盡性以至於命而已矣。孔子隱諸罕言，仙家暢言之、喻言之，字樣多而道義微，故人不知耳。

　　人由天地而育，亦由父母而生。含陰陽動靜之機，具造物玄微之理。人能體生身之道，順而用之，則鼻祖兒孫，嗣續而成；逆而用之，則真仙上聖，亦接踵而出，同其理也。《悟真篇》云：「修身之事，不拘男女。此金丹大藥，雖愚昧野人得之，立登仙位。」不拘貴賤賢愚、老衰少壯，只要素行陰德，仁慈悲憫，忠孝信誠，全於人道，仙道自然不遠也。

　　又須洞曉陰陽，深參造化，察其真偽，得陰陽之正氣，覓汞鉛之真宗，方能換骨長生，居不夜之天，玩長春之景，與天地同久，日月同明，此正大丈夫分內事也。至於旁門邪徑，御女採陰，服煉三黃，燒餌八石，是旁門無功也。又有以按摩、導引、吐納、呵噓、修服藥草為養生之方者，雖能暫去其疾，難逃老衰命盡，而被達人恥笑也。

　　伯端翁云：「閉息一法，若能忘機絕念，亦可入定出神。」奈何精氣神屬陰，宅舍難固，不免有遷徙之苦。更有進氣補血，名為抽添接命之術者，亦能避疾延年，保身健體。若欲服食，養就胎仙，必不能也。其他旁門邪徑，乃實為吾道之異端也，何足道哉？

　　或者謂人之生死，皆有數定，豈有違天數而逃死者？

獨不思福自我求，命自我造，陰騭可以延年。學長生者，只要以陰功為體，金丹為用，則天數亦可逃也。伏維我太上道祖，列聖高真，施好生之心，廣度人之願，宏開玄教，密授仙方，名曰金丹。

原始要終，因此盡露天機，大泄玄奧。其中行持妙用，三候三關，九琴九劍，藥材法器，火候符章，悉已敷衍全備，各宜詳究諸經，以還其性命之本。予論雖俗，義理最美，所謂真實不虛也。

倘得者無所猜疑，庶可以行持下手，雖不遇明師好友，得遇此書，即如師友在前，自能頓悟無上也。較諸行世丹經，悉合一理，罔不洞徹，實屬苦海之慈航，指迷之智燭，雖曰行之維艱，然勿畏難而苟安也。

再有進箴者，身抱金丹之後，即宜高隱洞天，深藏福地，勿以黃白賣弄朝廷，為方士之先導。隱顯度世，以待天符，白日飛升，不露圭角，此方為無上上品真人，歷萬劫而不壞者也。後來同志，玩之、鑒之。

2.中　篇

天地之間，至靈、至貴者，人也；最忙、最速者，時也；可大、可久者，金丹也。惜人多溺於功名富貴場中，愛欲恩情之內，狼貪不已，蛾撲何休，一朝大限臨身，斯時悔之何及！唯其甘分待終，就死而已。誰知有長生不老之方？誰悟有金丹靈藥之妙？誠可惜哉！

此金丹靈藥，非世間之所無，非天上之不可得者，只在於同類中求之，乃生身固有之物也。簡而且易，至近非

遙。余嘗有《金丹賦》記之，詞極朗暢，今追憶其中段
云：「夫造金丹者，始則借乾坤為玄牝，學造化於陰陽，
識二八之相當，知坎離之互藏，候金氣之滿足，聽水潮之
汪洋。繼則看鉛花於癸後，玩月夕於庚方，製刀圭於片
晌，罷龍虎之戰場，喚金公而歸舍，配玉女而入房。」果
能此道矣，雖愚必明，雖柔必強。

先儒曰：「聖人不言易，以滋人之惑，亦未嘗言難，
以阻人之進。」若人用意追求，殷勤修煉，自必入聖超
凡，長登壽域，永享無窮之樂也，豈小補哉！

且人為功名富貴，亦有備極窮苦而後可成者。若以勞
苦之心，易而為修煉之心，將見九還到手，萬劫存神，以
比功名富貴，孰短孰長耶？

仲尼曰：「不義而富且貴，於我如浮雲。」又曰：
「其為仁矣，不使不仁者加乎其身。」不仁不義，莫甚於
狂貪妄想。

胡氏曰：「志於道，則外物不足以累其身。」《悟真》
曰：「若會殺機明反覆，始知害裡卻生恩。」是知欲求還
丹，必先絕欲。勤於殺機者，刻刻有靈劍在手，外欲乍
乘，急須就起殺機，勿容縱意。久久純熟，對境無心，即
可行反本歸根之道。

《易‧翼》曰：「終日乾乾，反覆道也。」反覆之道
得，長生之果證也。人胡不勉而行之？萬物如草木之匯，
猶能歸根反本，以歷歲時，人為萬物之靈，動至死地，是
反不如草木也，能不愧乎？

夫此反本歸根之道，又非邪徑旁門之說也。世人以德

235

行為先，陰功為本，察陰陽造化之機，求玄牝乾坤之妙，辨二八坎離之物。定金花水月之時，施降龍伏虎之威，明立命生身之處。其間致虛守靜，他主我賓，日月交光，戊己為用，則丹成反掌矣。

《易》曰：「男女媾精，萬物化生。」人有此身，亦因父母而得，倘無父母，身何有乎？故作金丹之道，與生身事同，但順則成人，逆則成仙，順逆之間，天地懸隔，只要逆用陰陽，自然成就，並非邪徑旁門也。

茲余所論，大泄真機，皆列聖口傳心授之旨。人能照此下手行持，自能奪天地玄妙之功，窮鬼神不測之奧，誠金丹之口訣也。除此之外，再無別傳。

先賢云：「聖人未生，道在天地。聖人已往，道著六經。」予之末論，雖不敢與聖經相比，亦可為問道之正途，如撥雲霧而見青天，似剪荊棘而尋大路。坦然無礙，豁然有門。學者若能專心研究，自然默契仙緣，幸勿輕易視之也。萬金難換，百寶難求，勿示非人，尚其重之。

3. 下　篇

一陰一陽之謂道，修道者，修此陰陽之道也。一陰一陽，一性一命而已矣。《中庸》云：「修道之謂教。」三教聖人皆本此道以立其教也。此道原於性、本於命。命猶令也，天以命而賜人以令也；性即理也，人以性而由天之理也。

夫欲由其理，則外盡倫常者其理，內盡慎獨者其理。忠孝友恭，衷乎內也。然著其光輝，則在外也。喜怒哀

樂，見於外也。然守其未發，則在內也。明朗朗天，活潑潑地，盡其性而內丹成矣。

夫欲全其令，則殷勤顧之者此令，依法用之者此令。存心養性，此顧命之勤勞也；集義生氣，此用令之法度也。煉氣化神，煉神還天。復其性，兼復其命，而外丹就矣。

吾願後之人修此正道，故直言之。修道以修身為大，然修身必先正心誠意。意誠心正，則物欲皆除，然後講立基之本。氣為使焉，神為主焉。

學者下手之初，必須知一陽初動之候，真鉛始生之時。其氣迅速如電，而不能久居於先天，霎時而生癸水，頃刻而變經流，迨至生形化質，已屬後天而不可用矣。崑崙之上有玄門，其竅甚小，陰陽會合時，不許動搖，待其情性相感，自然彼我相通。凡有形質者，不能升入竅內，夫唯真氣橐籥，乃能進於竅內也。故聖人直指先天一炁，衝開此竅。又曰修行之徑路，可以續命延年，修真而全真，無來無去，不生不滅。

今之愚人，聞說有用生陽之道者，卻行禦女巧詐之術，正如披麻救火、飛蛾撲燈，貪其美色，胡肆縱橫，日則逞力多勞，夜則恣情縱欲，致使神昏炁敗，髓竭精枯，猶不醒悟，甘分待終。

古之賢人不然，忠孝兩全，仁義博施，暗行方便，默積陰功，但以死生為念，不以名利關心，日則少慮無思，夜則清心寡欲，以此神炁全壯，髓滿精盈。每歎凡軀，如石中之火，似水上之漚。未聞道者急求師，已聞道者急求

藥。又能廣參博採，信受奉行，求先天之大藥，尋出世之丹方，忙忙下手速修，唯恐時不待人。

夫道者，豈是旁門小技，乃至人口傳心授，金液還丹之妙道也。非定息二乘之法，乃最上一乘之道，以有為入無為，以外藥修內藥。以己而求彼，以陰而配陽，以鉛而投汞，以炁而合神。

無為者，非防危守城之方，溫養沐浴之事，乃得丹之後，脫胎神化之功也；有為者，非採戰提吸之術，九一動搖之法，乃安靜虛無之道，守雌不雄，寂然不動，感而遂通，此即未得丹之前，煉己築基之事也。有為、無為，體用之始終，已見於此。內藥、外藥，出處之法相，又詳於彼。

外藥者，在造化窟中而生；內藥者，在自己身中而產。內藥是精，外藥是，內藥養性，外藥立命，性命雙修，方合神仙之道。大修行人欲求先天外藥，必煉己以待陽生，用神炁煉成慧劍，採金水勻配柔剛。

古人採藥進火，全憑此物，除七情之患，去五賊之害。若無煉己以去賊之患害，則不能常應、常靜，魂魄焉能受制？情欲豈不相干？若要入室施功，臨爐下手，則外火雖動，而內符不應。只因剛柔未配，以此慧劍無鋒，群魔為害，心神不寧，欲念雜起。故乃逐境飄流，致使汞火飛揚，聖胎不結。如使煉己純熟，則心無雜念，體若太虛，一塵不染，萬慮皆空。心死則神活，體虛則氣運，方許求一陽之道、二候之功。

還丹容易，煉己最難！憑慧劍剖破鴻蒙，舒匠手鑿開

混沌。卻用陰陽顛倒之法，水火既濟之道，乃行地天交泰，使陽居下，火必照上，令陰在上，水能潤下。只要苦行忍辱，身心不動，己之性若住，彼之氣自回。人能如此，便得守雌不雄，寂然不動，感而遂通之效也。

太極將判之間，靜以極而未至於動，陽初復而未離乎陰，候此真先天炁降，以法追攝，送入黃庭之中。日運己汞，包固周密，汞氣漸多，鉛氣漸散，合丹於鼎。又須調停真息，周流六虛，至聲寂而意合，乃氣勻而脈住，丹始凝結。待聖胎氣足，十月功圓，脫胎神化，降生嬰兒。調之純熟，出入縱橫，往來無礙，不被群魔引誘，只待九轉功成。面壁之時，煉精則化炁，煉神則化虛，形神俱妙，與道合真，此大丈夫功成名遂之時也。

是道古人不傳於世，蓋緣愚人信之不篤，行之不勤，而且反生誹謗，是以秘而不傳。予自得遇至人以來，述此修身秘要，以警覺後學、同志者，各加珍勉，共陟仙都。

二、張三豐祖師承留

天地即乾坤，伏羲為人祖。
畫卦道有名，堯舜十六母。
微危允厥中，精一及孔孟。
神化性命功，七二乃文武。
授之至予來，字著宣平許。
延年藥在身，元善從復始。

虛靈能德明，理令氣形具。

萬載永長春，心分誠真跡。

三教無兩家，統言皆太極。

浩然塞而沖，方正千年立。

繼往聖永綿，開來學常續。

水火既濟焉，願至戎畢字。

三、太極拳斂神聚氣論

太極之先，本為無極。鴻蒙一氣，渾然不分，故無極為太極之母，即萬物先天之機也。二氣分，天地判，始成太極。二氣為陰陽，陰靜陽動，陰息陽生。天地分清濁，清浮濁沉，清高濁卑。陰陽相交，清濁相媾，氤氳化生，始育萬物。

人之生世，本有一無極，先天之機是也。迨入後天，即成太極。故萬物莫不有無極，亦莫不有太極也。人之作用，有動必有靜，靜極必動，動靜相因，而陰陽分，渾然一太極也。

人之生機，全恃神氣。氣清上浮，無異上天。神凝內斂，無異下地。神氣相交，亦宛然一太極也。故傳吾太極拳法，即須先明太極妙道。若不明此，非吾徒也。

太極拳者，其靜如動，其動如靜。動靜循環，相連不斷，則二氣既交，而太極之象成。內斂其神，外聚其氣。拳未到而意先到，拳不到而意亦到。意者，神之使也。神氣既媾，而太極之位定。其象既成，其位既定，氤氳化

生，而謂為七二之數。

太極拳總勢十有三：掤、捋、擠、按、採、挒、肘、靠、進步、退步、右顧、左盼、中定，按八卦、五行之生剋也。其虛靈、含拔、鬆腰、定虛實、沉墜、用意不用力、上下相隨、內外相合、相連不斷、動中求靜，此太極拳之十要，學者之不二法門也。

學太極拳，為入道之基，入道以養心定性，聚氣斂神為主。故習此拳，亦須如此。若心不能安，性即擾之。氣不外聚，神必亂之。心性不相接，神氣不相交，則全身之四體百脈，莫不盡死。雖依勢作用，法無效也。欲求安心定性，斂神聚氣，則打坐之舉不可缺，而行功之法不可廢矣。

學者須於動靜之中尋太極之益，於八卦、五行之中求生剋之理，然後混七二之數，渾然成無極。心性神氣，相隨作用，則心安性定，神斂氣聚，一身中之太極成，陰陽交，動靜合，全身之四體百脈周流通暢，不黏不滯，斯可以傳吾法矣。

四、太極行功說

太極行功，功在調和陰陽，交合神氣，打坐即為第一步下手功夫。

行功之先，尤應治臟，使內臟清虛，不著渣滓，則神斂氣聚，其息自調。

進而吐納，使陰陽交感，渾然成為太極之象，然後再

行運各處功夫。

冥心兀坐，息思慮，絕情欲，保守真元，此心功也。

盤膝屈股，足跟緊抵命門，以固精氣，此身功也。

兩手緊掩耳門，疊指背彈耳根骨，以祛風池邪氣，此首功也。

兩手擦面待其熱，更用唾沫偏摩之，以治外侵，此面功也。

兩手按耳輪，一上一下摩擦之，以清其火，此耳功也。

緊合其睫，睛珠內轉，左右互行，以明神室，此目功也。

大張其口，以舌攪口，以手鳴天鼓，以治其熱，此口功也。

舌抵上腭，津液自生，鼓漱咽之，以潤其內，此舌功也。

叩齒卅六，閉緊齒關，可集元神，此齒功也。

兩手大指擦熱摺鼻，左右卅六，以鎮其中，此鼻功也。

既得此行功奧竅，還須正心誠意，冥心絕欲，從頭做去，始能逐步升登，證悟大道。長生不老之基，即胎於此。若才得太極拳法，不知行功之奧妙，挈置不顧，此無異煉丹不採藥，採藥不煉丹，莫道不能登長生大道，即外面功夫，亦決不能成就，必須功拳並練。

蓋功屬柔而拳屬剛，拳屬動而功屬靜，剛柔互濟，動靜相因，始成為太極之象。相輔而行，方足致用。此練太

極拳者所以必先知行功之妙用，行功者所以必先明太極之
妙道也。

五、太極行功歌

兩氣未分時，渾然一無極。
陰陽位即定，始有太極出。
人身要虛靈，行功主呼吸。
呵噓呼呬吹，加嘻數成六。
六字意如何？治臟不二訣。
治肝宜用噓，噓時睜其目。
治肺宜用呬，呬時手雙托。
心呵頂上叉，腎吹抱膝骨。
脾病一再呼，呼時把口喎，
仰臥時時嘻，三焦熱退鬱。
持此行內功，陰陽調胎息。
大道在正心，誠意長自樂，
即此是長生，胸有不死藥。

六、太極拳歌訣

歌訣一

順項貫頂兩膀鬆，束脅下氣把襠撐，
威音開勁兩捶爭，五指抓地上彎弓。

歌訣二

舉步輕靈神內斂，莫教斷續一氣延，
左宜右有虛實處，意上寓下後天還。

歌訣三

拿住丹田練內功，哼哈二氣妙無窮，
動分靜合屈伸就，緩應急隨理貫通。

歌訣四

忽隱忽現進則長，一羽不加至道藏，
手慢手快皆非是，四兩撥千運化良。

歌訣五

極柔極剛極虛靈，運若抽絲處處明，
開展緊湊乃縝密，待機而動如貓行。

歌訣六

掤捋擠按四方正，採挒肘靠斜角成，
乾坤震兌乃八卦，進退顧盼定五行。

七、十三勢歌

十三總勢莫輕視，命意源頭在腰隙。
變轉虛實須留意，氣遍身軀不稍滯。

靜中觸動動猶靜，因敵變化示神奇。
勢勢揆心須用意，得來不覺費工夫。
刻刻留心在腰間，腹內鬆淨氣騰然。
尾閭中正神貫頂，滿身輕利頂頭懸。
仔細留心向推求，屈伸開合聽自由。
入門引路須口授，功夫無息法自修。
若言體用何為準，意氣君來骨肉臣。
想推用意終何在，益壽延年不老春。
歌兮歌兮百四十，字字真切義無遺。
若不向此推求去，枉費工夫貽歎息。

八、打手歌

掤捋擠按須認真，上下相隨人難進。
任他巨力來打我，牽動四兩撥千斤。
引進落空合即出，沾連黏隨不丟頂。

九、穴之存亡論

穴有存亡之穴，要非口授不可，何也？一因其難學，二因其關乎存亡，三因其人才能傳。

一不授不忠不孝之人，二不傳根底不好之人，三不授心術不正之人，四不傳魯莽滅裂之人，五不授目中無人之人，六不傳無禮無恩之人，七不授反覆無常之人，八不傳得易失易之人，九不授好狠鬥勇之人，十不傳匪人。

如其可以傳，再口授之秘訣。傳忠孝知恩者，心氣平和者，守道不失者，真以為師者，始終如一者，此五者果其有始終、不變如一，方可將全體大用之功授之於徒也。明矣！於前於後，代代相繼，皆如是之所傳也。噫！抑知武事中烏有匪人哉。

十、呂祖百字銘注解

養氣忘言守

凡修行者，先須養氣。養氣之法，在乎忘言守一。忘言則氣不散，守一則神不出。訣曰：緘舌靜，抱神定。

降心為不為

凡人之心，動盪不已。修行人心欲入靜，貴乎制伏兩眼。眼者，心之門戶。須要垂簾塞兌，一切事體，以心為劍。想世事無益於我，火烈頓除，莫去貪著。

訣云：以眼視鼻，以鼻視臍。上下相顧，心息相依。著意玄關，便可降伏思慮。

動靜知宗祖

動靜者，一陰一陽也。宗祖者，生身之處也。修行人當知父母未生之前，即玄牝也。一身上下乾坤八卦五行四象聚會之處，乃天地未判之先，一點靈光而成，即太極也。心之下，腎之上，彷彿之內，念頭無息，所起之處，

即是宗祖。

所謂動靜者，調和真氣，安理真元也。蓋呼接天根，吸接地根，即闔戶之謂坤，闢戶之謂乾。呼則龍吟雲起，吸則虎嘯風生。一闔一闢，一動一靜，貴乎心意不動，任其真息往來，綿綿若存。調息至無息之息，打成一片，斯神可凝，丹可就矣。

無事更尋誰

若能養氣忘言守，降伏身心，神歸穴，意注規中，混融一炁，如雞抱卵，如龍養珠，念茲在茲，須臾不離，日久功深，自然現出黍米之珠，光耀如日。點化元神，靈明莫測，即此是也。

真常須應物，應物要不迷

此道乃真常之道，以應事易於昏迷，故接物不可迷於塵事。若不應接，則空寂虛無。須要來則應之，事去不留，光明正大，乃是不迷，真性清淨，元神凝結。訣曰：著意頭頭錯，無為又落空。

不迷性自住，性住氣自回

凡人性烈如火，喜怒哀樂，愛惡欲憎，變態無常。但有觸動，便生妄想，難以靜性。必要有真懲忿，則火降；真寡欲，則水升。身不動，名曰煉精。煉精則虎嘯，元神凝固。心不動，名曰煉氣。煉氣則龍吟，元氣存守。念不動，名曰煉神。煉神則二氣交，三元混，元氣自回矣。三

元者，精氣神也。二氣者，陰陽也。修行人應物不迷，則元神自歸，本性自住矣。性住則身中先天之氣自回，復命歸根，有何難哉！訣曰：回光返照，一心中存。內想不出，外想不入。

氣回丹自結，壺中配坎離

修行人性不迷塵事，則自回。將見二升降於中宮，陰陽配合於丹鼎，忽覺腎中一縷熱上沖心府，情來歸性，如夫婦配合，如癡如醉，二氣絪縕，結成丹質而穴中水火相交，循環不已，則神馭炁，炁留形，不必雜術自長生。訣曰：耳目口三寶，閉塞勿發通。真人潛深淵，浮游守規中。直至丹田氣滿，結成刀圭也。

陰陽生反覆，普化一聲雷

功夫到此，神不外馳，氣不外泄，神歸炁穴，坎離已交，愈加猛烈精進。致虛之極，守靜之篤。身靜於杳冥之中，心澄於無何有之鄉，則真息自住，百脈自停。日月停景，璇璣不行。

太極靜而生動，陽產於西南之坤。坤即腹也，又名曲江。忽然一點靈光，如黍米之大，即藥生消息也。赫然光透，兩腎如湯煎，膀胱如火炙，腹中如烈風之吼，腹內如震雷之聲，即復卦天根現也。

天根現，即固心王，以神助之，則其炁如火逼金，上行穿過尾閭。輕輕送，默默舉，一團和氣，如雷之震，上升泥丸，周身踴躍，即天風姤卦也。由月窟，至印堂，眉

中漏出元光，即太極動而生陰，化成神水甘露。內有黍米之珠，落在黃庭之中，點我離中靈汞，結成聖相之體，行周天火候一度。烹之煉之，丹自結矣。

白雲朝頂上，甘露灑須彌

到此地位，藥即得矣。二氣結刀圭，關竅開通，火降水升，一炁周流。從太極中，動天根，過玄谷關，升二十四椎骨節，至天谷關。月窟陰生，香甜美味，降下重樓，無休無息，名曰甘露灑須彌。

訣曰：甘露滿口，以目送之，以意迎之，送下丹釜，凝結元氣以養之。

自飲長生酒，逍遙誰得知

養氣到此，骨節已開。神水不住，上下周流，往來不息，時時吞咽，謂之長生酒。訣曰：流珠灌養靈根性，修行之人知不知？

潛聽無弦曲，明通造化機

功夫到此，耳聽仙樂之音，又有鐘鼓之韻。五氣朝元，三花聚頂，如晚鴉來棲之狀。心田開朗，智慧自生，明通三教經書，默悟前生根本，預知未來休咎。大地山河，如在掌中，目視萬里，已得六通之妙。此乃實有也。吾行實到此際，若有虛言以誤後學，天必誅之。遇之不行，罪過天譴。非與師遇，此事難知。

都來二十句，端的上天梯

自養氣忘言至此二十句，皆是呂祖真正口訣，功夫無半點虛偽，乃修行上天之階梯。得悟此訣與注者，可急行之。勿妄漏泄，勿示匪人，以遭天譴。珍重奉行，克登天闕。

第九章

王宗岳太極拳論

一、注解三豐祖師太極拳歌訣

（原歌訣見第八章第六節）

歌訣一注解：

虛靈頂勁，氣沉丹田。兩背鬆，然後窒；提頂吊襠，心中力量；開合按勢懷中抱，七星勢視如車輪，柔而不剛。彼不動，己不動，彼微動，而己意先動；由腳而腿，由腿而身，如練一氣。如轉鶻之鳥，如貓擒鼠。發勁如弓發矢，正其四體。步履要輕隨，步步要滑齊。

歌訣二注解：

一舉動，周身俱要輕靈，尤須貫串。氣宜鼓蕩，神宜內斂；無使有凸凹處，無使有斷續處。其根在腳，發於腿，主宰於腰，形於手指。由腳而腿而腰，總須完整一氣。向前退後，乃得機得勢。有不得機得勢處，身便散亂。其病必於腰腿求之。虛實宜分清楚，一處自有一處虛

251

實，處處總此一虛實。周身節節貫串，無令絲毫簡短耳；上下前後左右皆然。

凡此皆是意，不在外面。有上即有下，有前即有後，有左即有右。如意要向上，即寓下意，譬如將植物揪起而加以挫之之力。斯其根自斷，損壞之速乃無疑。

歌訣三注解：

拿住丹田之氣，練住元形，能打哼哈二氣；氣貼背後，斂入脊骨。靜動全身，意在蓄神，不在聚氣，在氣則滯。內三合，外三合；太極者，無極而生，陰陽之母也。動之則分，靜之則合，無過不及，隨屈就伸；人剛我柔謂之走，我順人背謂之沾。動急則急應，動緩則緩隨。雖變化萬端，而理唯一貫。由著熟而漸悟懂勁，由懂勁而階及神明，然非用力之久，不能豁然貫通焉。

歌訣四注解：

不偏不倚，忽隱忽現。左重則左虛，右重則右杳。仰之則彌高，俯之則彌深。進之則愈長，退之則愈促；一羽不能加，蠅蟲不能落。人不知我，我獨知人。英雄所向無敵，蓋由此而及也；斯技旁門甚多，雖勢有區別，概不外壯欺弱，慢讓快耳。有力打無力，手慢讓手快，是皆先天自然之能，非關學力而有為也。

察四兩撥千斤之句，顯非力勝。觀耄耋能禦眾之形，快何能為？立如平準，活似車輪。偏沉則隨，雙重則滯，每見數年純功，不能運化者，率自為人制，雙重之病未悟

耳。欲避此病，須知陰陽。黏即是走，走即是黏。陰不離陽，陽不離陰，陰陽相濟，方為懂勁。

懂勁後，愈練愈精，默識揣摩，漸至從心所欲。本是捨己從人，多誤捨近求遠。斯為差之毫釐，謬以千里，學者不可不詳辨焉。

歌訣五注解：

極柔軟，然後極剛堅。能呼吸，然後能靈活。氣以直養而無害，勁以曲蓄而有餘。全身意在精神，不在氣。有氣者無力，無氣者純剛。氣如車輪，腰似車軸。似鬆非鬆，將展未展。勁斷意不斷，藕斷絲亦連；心為令，氣為旗，腰為纛，先求開展，後求緊湊，乃可臻於縝密矣；牽動往來，氣貼背，斂入脊骨。內固精神，外示安逸。邁步如貓行，運勁如抽絲。

歌訣六注解：

長拳者，如長江大河，滔滔不絕也。十三勢者，掤捋擠按採挒肘靠，此八卦也；進步退步左顧右盼中定，此五行也。合而言之，曰十三勢。掤捋擠按，即坎離震兌，四方正也；採挒肘靠，即乾坤艮巽，四斜角也。進退顧盼定，即水火金木土也。

以上係三豐祖師所著，欲天下豪傑延年益壽，不徒作技藝之末也。

二、十三勢行功心解（注解三豐祖師十三勢歌）

（十三勢歌見第八章第七節）

　　以心行氣，務令沉著，乃能收斂入骨。以氣運身，務令順遂，乃能便利從心。精神能提得起，則無遲重之虞，所謂頂頭懸也。意氣須換得靈，乃有圓活之趣，所謂變動虛實也。發勁須沉著鬆靜，專主一方。立身須中正安舒，支撐八面。行氣如九曲珠，無往不利。運勁如百煉鋼，何堅不摧？形似搏兔之鶻，神如捕鼠之貓。靜如山岳，動若江河。蓄勁如開弓，發勁如放箭。曲中求直，蓄而後發，力由脊發，步隨身換。收即是放，斷而復連。往復須有折疊，進退須有轉換。先在心，後在身，腹鬆，氣斂入骨，神舒體靜，刻刻在心。切記一動無有不動，一靜無有不靜。

三、蔣發輯錄王宗岳《太極拳論》

　　太極者，無極而生，陰陽之母也。動之則分，靜之則合，無過不及，隨屈就伸。人剛我柔謂之走，我順人背謂之沾。動急則急應，動緩則緩隨。雖變化萬端，而理唯一貫。由著熟而漸悟懂勁，由懂勁而階及神明，然非用力之久，不能豁然貫通焉。

　　虛靈頂勁，氣沉丹田，不偏不倚，忽隱忽現，左重則左虛，右重則右杳，仰之則彌高，俯之則彌深，進之則愈

長，退之則愈促。一羽不能加，蠅蟲不能落。人不知我，我獨知人。英雄所向無敵，蓋由此而及也。

斯技旁門甚多，雖勢有區別，概不外壯欺弱，慢讓快耳。有力打無力，手慢讓手快，是皆先天自然之能，非關學力而有為也。察四兩撥千斤之句，顯非力勝。觀耄耋能禦眾之形，快何能為？立如平準，活似車輪。偏沉則隨，雙重則滯，每見數年純功，不能運化者，率自為人制，雙重之病未悟耳。欲避此病，須知陰陽。黏即是走，走即是黏。陰不離陽，陽不離陰。陰陽相濟，方為懂勁。懂勁後，愈練愈精，默識揣摩，漸至從心所欲。本是捨己從人，多誤捨近求遠。斯為差之毫釐，謬以千里，學者不可不詳辨焉。

蔣發注：此論句句切要，並無一字陪襯。非有夙慧之人，未能悟也。先師不肯妄傳，非獨擇人，亦恐枉費工夫耳。

第十章

歷代相傳拳論和歌訣

一、太極拳歌

太極亦稱心意拳，將計就計妙無邊。
拳法行圓螺旋勁，陰陽無偏氣貫穿。
總之要求四明懂，四明不懂藝難成。
上節不明無依宗，中節不明身自空。
下節不明易栽跌，採手不明多遭凶。
精通太極非易事，師傳揣練自修成。
上節含胸自拔背，垂脊挺胸神內明。
下節進退顧盼定，隨機應變生剋清。
拳架推手散打用，二氣髮梢威無窮。
面前有手不見手，胸前有肘不見肘。
倘若觸手彼難走，這樣方顯是高手。
十三勢法代代傳，三豐拳技內家源。

257

二、啟蒙規則

1. 空　圓

一勢一勢都練成空圓，即是無極，即是聯。故每勢以轉圓為主，不須斷續，不須堆窪，如此做去，方為合格。

2. 三　直

頭直，身直，小腿直。三者何以能直？細分之，是不前俯，不後仰，不左歪，不右倒，不扭膀，不掉胯，自然上下成直。

3. 四　順

順腿、順腳、順手、順身。四者何以能順？細分之，是手向左去，身順之去，腿向左去，腳亦順之去。唯順腳時，先將腳尖撩起，隨勢而動。切記不可高挑移動身之重點。向右順亦然。

4. 六　合

手與腳合，肘與膝合，膀與胯合，心與意合，氣與力合，筋與骨合。

5. 四大節八小節

兩膀兩胯為四大節。膀為梢節之根，胯為根節之根，

周身活潑，全賴乎此。八小節，兩肘，兩膝，兩手，兩腳，節節隨胯隨胯挨次運動。勿令死滯，自能順隨，與胯胯為一。

6. 不撇不停

每動一著，左手動，右手不動為撇；右手動，左手不動亦為撇。腳之作用與手同，不到成勢時止住，是為將勁打斷，名曰停。犯此，無論如何習練，勁不連接，終無效用。

7. 不流水

每一著到成時一頓，意貫下著，是為勢斷意不斷。如不停頓，一混做去，謂之流水。犯此，到發勁時，因勢無節制，無定位，必致勁無從發，此宜深戒。

8. 總括：四梢

每一動作行於四梢，此為練拳者必要，有歌為證，歌曰：牙齒為骨梢，舌尖為肉梢，指甲為筋梢，毛髮為氣梢。

三、論　法

占右進左，占左進右。發步時腳跟先著地，腳以十趾抓地，步要穩當，身要莊重，捶要沉實而有骨力。去是撇手，著人成拳。用拳，拳要攥提緊；用把，把要把定氣。

上下要均停，出入以心為主宰，眼手足隨之去，不貪不欠，不即不離。肘落肘窩，手落手窩。右足當先，膊尖

向前，此是換步。拳從心發，以身力催手，手以心把，進人進步，一步一捶。一肢動則百肢俱隨，發中有絕，一屈渾身皆屈，一伸渾身皆伸，伸要伸得盡，屈要屈得狠，如捲炮捲得緊，則崩得有力。

不拘提打、按打、群打、烘打、旋打、斬打、沖打、錚打、肘打、膊打、胯打、掌打、頭打、進步打、退步打、順步打、橫步打，以及前後、左右、上下百般打法，皆要一氣相隨。

出手先占正門，此謂巧也。骨節要對，不對則無力。手把要靈，不靈則生變。發手要快，不快則遲誤。舉手要火，不火則不快。打手要狠，不狠則不濟。存心要毒，不毒則不準。腳手要活，不活則擔險。存心要精，不精則受愚。發作要鷹揚勇猛，心小膽大，面善心惡，靜似書生，動似雷發，切勿畏懼遲疑。

人之勢亦當審查，腳踢頭歪，拳打膀乍，窄身進步，伏身起發，斜行換步，攔打側身，展腿發伸，腳指東顧，須防西殺，上虛下必實。

詭計指不勝屈，靈機貴自揣摩。手快打手慢，俗言不可輕，先下手為強，其真的確。

起望落，落望起，起落要相隨。身手齊到是為真。剪子股，望眉斬，加上反背，如虎搜山。三尺羅衣掛在無影樹上，起手如閃電，打手如迅雷。雨行風，鷹捉燕，鷂鑽林，獅搏兔。起手時三心相對，不動如書生，動之如龍虎。遠不發手打，雙手護心旁。

四、捷要論

右來右迎，左來左迎，此為捷法。遠了便上手，近了便加肘。遠了使腳踢，近了便加膝，遠近宜知。拳打膀乍，腳踢頭歪，把勢審人。能教一思進，不教一思退。有意莫帶形，帶形必不贏。

捷取人法，審顧地形，拳打上風，手要急，足要輕，把勢走動如貓行。心要整，目聚精，手足齊到定能贏。若是手到步不到，打人不得妙；手到步也到，打人如蒿草。是以善拳者，先看地形後下手，上打咽喉下打陰，左右兩肋中在心。前打一丈不為遠，近者只在一寸間。

五、天遠機論

身動時如山崩牆倒，腳落時如樹栽根，手起如炮直沖，身動如蛇活行。擊首則尾應，擊尾則首應，擊中則首尾相應。打前要顧後，知進須知退。心動快似馬，臂動速如風。操演時面前如有人，交手時有人如無人。

前手起，後手緊催，起前腳，後腳緊跟。面前有手不見手，胸前有肘不見肘。見空不打，見空不上。拳不望空打，打起不空落。手起足要落，足落手要起。

心要佔先，意要勝人。身要攻人，步要過人。前腿似弓，後腿是蹬。頭要仰起，胸要含起，腰要長起，丹田要運氣，自頂至足，要一氣相貫。

膽戰心寒者，必不能取勝。不能察言觀色者，必不能防人。不能先動，先動者為師，後動者為弟。能教一思進，莫讓一思退。三節要停，三心要實，三尖要照，四梢要齊。明瞭三心多一妙，明瞭三節多一方，明瞭四梢多一精，明瞭五行多一氣，明瞭三節不貪不欠。起落進退多變化，三回九轉是一勢，總要以心為主宰。以心統乎五行，運乎二氣，時時操演思悟，勿誤朝夕盤打，時時勉強功用，久而成自然。

六、九要論

1. 一要論

從來散之必有其統，分之必有其合也。故天壤之間，四面八方，紛紛者各有所屬，千頭萬緒，攘攘者自有其源。蓋一本可散為萬殊，而萬殊咸歸於一本。是非固有必然者哉。且武事之論亦甚繁矣，而要之，千變萬化無往非勢，即無往非氣，勢雖不類，而氣歸於一。

夫所謂一者，上自頭頂，下至足底，內有臟腑筋骨，而外有肌肉皮膚，五官百骸相連而為一貫者也。破之而不開，撞之而不散，上欲動而下自隨之，下欲動而上自領之，上下動而中節攻之，中節動而上下和之，內外相乘，前後相須，所謂一以貫之者，其斯之謂歟。而要非勉強以致之，襲焉而為之也。

當時而靜，寂然堪然，居其所而穩如山岳。當時而

動，如雷如塌，出手而急如閃電。且靜無不靜，表裡上下
全無參差牽掛之意。動無不動，左右前後並無抽扯游移之
形。洵乎若水之就下，沛然莫之能禦，若火機之內攻，發
之而不及掩耳，不假思索，不煩擬議，誠不期然而然，莫
之至而至，其無所至而云然乎。

蓋氣以日積而有益，功以久練而乃成，觀聖門一貫之
傳，必俟多聞強識之後，才能豁然之境，不費格物致知之
功，是知事無難易，用功唯自進，不可躐等，不煩急遽，
按步就緒，循次而進，而後五官百骸肢節，自有通貫，
上下表裡，不難聯絡，庶乎散者統之，分者合之，四體百
骸，終歸於一氣而已矣。

2. 二要論

天地間未有一往而不返者，亦未有長直而無曲者也，
蓋物有對待，勢有回還，今古不易之理也。常有世之論捶
者，而兼論氣者矣。夫氣主於一，何分為二，所謂二者，
即呼吸也，呼吸即陰陽也。捶不能無動靜，氣不能無呼
吸，吸則為陰，呼則為陽。主乎靜者為陰，主乎動者為
陽；上升為陽，下降為陰；陽氣上行而為陽，陽氣下行而
為陰；陰氣上行即為陽，陰氣下行仍為陰，此陰陽之所以
分也。

何為清濁？升而上者為清，降而下者為濁；清氣上
升，濁氣下降；清者為陽，濁者為陰而要之。陽以滋陰，
陰以濟陽，渾而言之，為勁、為氣，分而言之，為陰、為
陽。

氣不能無陰陽，即所謂人不能無動靜，口不能無出入，鼻不能無呼吸，而所以為對待不易之理也。然則氣分為二，而實在於一，有志於斯途者，慎勿以是為拘拘焉。

3. 三要論

夫氣本諸身，而身分之三節，何分為三？三節云者，上中下者是也。以一身言之，頭為上節，身為中節，腿為下節；以頭面言之，天庭為上節，鼻為中節，海底為下節；以中節言之，胸為梢節，腹為中節，丹田為根節；以下節言之，足為梢節，膝為中節，胯為根節；以肱言之，手為梢節，肘為中節，肩為根節；以手言之，指為梢節，掌為中節，掌根為根節；而足不必論矣。然則自頂至足，莫不各有三節。

要之，既無非三節之所為，既無非著意之處。蓋上節不明，無依無宗；中節不明，渾身自空；下節不明，自家吃跌，豈可忽乎？至於氣之發動，要之皆由梢節起，中節隨之，根節催之而已，然此尤是節節而分言之也。若合而言之，則上自頭頂，下至足底，四體百骸，總為一節，何夫三節之有哉？又何以三節中之各有三節云乎哉？

4. 四要論

試於論身論氣之外，而進論乎梢者矣。夫梢者，身之餘續也。言身者初不及此，言氣者亦所罕聞。捶以內而發外，氣由身而達梢，故氣之為用，不本諸身，則虛而不實，不行於諸梢則實而仍虛，梢亦可弗講乎？然此特身之

梢耳，而尤未及乎氣之梢也。

　　四梢為何？髮之其一也。夫髮之所繫，不列於五行，無關於四體，似不足論矣，然髮為血之梢，血為氣之海，縱不必本諸發以論氣，要之，不能離乎血而生氣，不離乎血，即不得不兼及乎髮，髮欲衝冠，血梢足矣。

　　抑舌為肉梢，而肉為氣之囊，氣不能行諸肉之梢，即氣無以沖其氣之量，故必舌欲摧齒，而後肉梢足矣。

　　至於骨梢者齒也，筋梢者指甲也，氣生於骨而聯於筋，不及乎齒，即未及乎骨之梢，而欲血梢足乎爾者，要非齒欲斷筋，甲欲透骨不能也，果能如此，則四梢足矣。四梢足而氣亦自足矣，豈複有虛而不實，實而仍虛者乎。

5. 五要論

　　今夫拳以言勢，勢以言氣。人得五臟以成形，即由五臟而生氣，五臟實為性命之源，生氣之本，而名心肝脾肺腎也。心為火，而有炎上之象；肝為木，而有曲直之形；脾為土，而有敦厚之勢；肺為金，而有從革之能；腎為水，而有潤下之功。此乃五臟之義，而必准之於氣者，皆各有所配合焉。此所以論武事者，要不外乎斯也。

　　其在於內，胸膈為肺經之位，而為諸臟之華蓋，故肺經動而諸臟不能靜。兩乳之中為心，而肺包護之，肺之下，胃之上，心經之位也。心為君也，心火動而相火無不奉命也。兩肋之下，左為肝，右為脾，脊骨十四骨節處為腎，此固五臟之位也。然五臟之位，皆繫於背脊，通於腎髓，固為腎。至於腰，則兩腎之本位，而為先天第一，尤

為諸臟之根源。故腎水足，而諸臟莫不各顯生機也。

且夫五臟存乎內者，各有其定位，而具於身者，亦有其專屬。領頂腦骨皆腎是也，兩耳亦為腎。兩唇、兩腮皆脾也。兩鬢則為肺。天庭為六陽之首，而萃五臟之精華，實為頭面之主腦，不啻一身之座督矣。印堂者，陽明胃氣之衡，天庭欲起，機由此達，生發之氣，由腎而達於六陽，實為天庭之樞機也。兩目皆為肝，而究之，上包為脾，下包為胃，大角為心經，小角為小腸，白則為肺，黑則為肝，瞳子為腎，實亦為五臟之精華所聚，而不得專為之肝也。

鼻空為肺，兩頤為腎，耳門之前為膽經，耳後之高骨亦為腎也。鼻居中央之地，而為土，萬物滋生之源，實乃中氣之主也。人中為血氣之會，上沖印堂，達於天庭，亦至要之所。兩唇之下為承漿，承漿之下為地閣，上與天庭相應，亦腎經位也。頦下為頸項者，五臟之道途，氣之總會，前為食氣出入之道，後為腎氣升降之途，肝氣由之而左旋，脾氣由之而右旋，其繫更重而為周身之要領。兩乳為肝，肩俞為肺，兩肘為腎，四肢屬脾，兩肩背膊皆為脾，而十指則為心肝脾肺腎是也。

膝與脛皆為腎也，而腳跟為腎之要，湧泉為腎之穴也。大約身之所繫，凸者為心，窩者為肺，骨之露處皆為腎，筋之聯處皆為肝，肉之厚處皆為脾。

象其意，心如猛虎肝如箭，脾氣力大甚無窮，肝經之位最靈變，腎氣一動快如風，此其為用也。用其經，舉凡身之所繫屬於某經者，終不不能無意焉。是在當局者自為

體驗，而非筆墨之所能罄書者也。

至於生剋制化，雖另有論，而究其要領，自能統會，五行百骸，總為一元，四體之心，合為一氣，奚必昭昭於某一經絡，而支支節節言之哉。

6. 六要論

心與意合，氣與力合，筋與骨合，此內三合也；手與足合，肘與膝合，肩與胯合，此外三合也。此為六合。左手與右足相合，左肘與右膝相合，左肩與右胯相合，右之與左亦然。以及頭與手合，手與身合，身與步合，亦係外合。心與眼合，肝與筋合，脾與肉合，肺與身合，腎與骨合，孰非內合，豈唯六合而已哉，然此特分而言之也。總之一動而無不動，一合而無不合，五行百骸悉在其中矣。

7. 七要論

頭為六陽之首，而為周身之主，五官百骸莫不本此是賴，故頭不可不進也。手為先行，而根基在膊，膊不進則手而腳不可前進矣，此所以膊貴於進也。

氣聚諸腕，機關在腰，腰不進而氣則餒而不實矣，此所以腰貴於進也。意貫周身，運動在步，步不進而意則索然不能為也，此所以步必取其進也。以及上右必須進左，上左必須要進右。周身相隨，不隨無力，故身必取其進也。共為七進，孰非所以著力之地歟，而要之未及其進，合周身而毫無關動之意，一言其進，統全體而具無抽扯游移之形也。

8. 八要論

身法為何？縱、橫、高、低、進、退、返、側而已。
縱則放其勢，一往而不返；橫則裹其力，開拓而莫阻；高
則揚其身，而身若有增長之勢；低則折其身，而身若有攢
提之行。當進則進，彈其力而勇往直衝，當退則退，凌其
氣而回轉伏勢；至於返身顧後，後即前也；側顧左右，左
右無敢擋我哉。而要非拘拘焉而為之也，必先察乎人之強
弱，運乎己之機關。有忽縱而忽橫，縱橫因勢而變遷，不
可一概而推；有忽高而忽低，高低隨時以轉移，不可直格
而論；時而宜進，固不可退，以餒其氣；時而宜退，即當
以退，而鼓其進。是進固進也，即退而實以助其進。若返
身顧後，而後亦不覺其為後也。側顧左右，而左右亦不覺
左右矣。

總之，機關在眼，變通在心，而握其要者，則本諸
身。身而前，則四體不令而行矣，身而卻，則百骸自莫不
冥然而處矣。身法豈可置而不論乎？

9. 九要論

今夫五官百骸主於動，而實運於步。步乃一身之根
基，運動之樞紐也。以故應戰對敵，皆本諸身，而實所以
為身之砥柱者，莫非步。隨機應變在於手，而所以為手之
轉移者，亦在於步。進退返側，非步何以作鼓蕩之機，抑
揚伸縮，非步何以示變化之妙。

所謂機關者在眼，變化者在心。而所以轉彎抹角，千

變萬化，而不至窘迫者，何莫非步為之司命歟，而要之非勉強以致之也。動作出於無心，鼓舞出於不覺，身欲動而步已為之周旋，手將動而步亦早為之逼催，不期然而已然，莫之驅而若驅，所謂上欲動而下自隨之者，其斯之謂歟。且步分前後，有定位者步也，然而無定位者亦為步也。如前步進之後步隨之，前後自有定位矣，若前步作後步，後步作前步，更以前步作後步之前步，後步作前步之後步，則前後亦無定位矣。

總之拳以論勢，而握其要者在步，活與不活亦在於步，靈與不靈亦在於步，步之為用大矣哉。

七、八字法訣

三換二捋一擠按，搭手遇掤莫讓先。
柔裡有剛攻不破，剛中無柔不為堅。
避人攻守要採挒，力在驚彈走螺旋。
逞勢進攻貼身肘，肩胯膝打靠為先。

八、虛實訣

虛虛實實神會中，虛實實虛周身功。
練拳不諳虛實理，枉費工夫終無成。
虛守實發變中竅，中實不發藝難精。
虛實自有虛實在，實實虛虛攻不空。

九、亂環訣

亂環術法最難通，上下隨合妙無窮。
陷敵落入亂環內，四兩千斤著法成。
手腳齊進橫豎找，掌中亂環落不空。
欲知環中法何在，發落點對即成功。

十、陰陽訣

太極陰陽少人修，吞吐開合問剛柔。
正隅收放任君走，動靜變化何須愁。
生剋二法隨著用，閃進全在動中求。
輕重虛實怎的是，重裡現輕勿稍留。

第十一章

侯春秀、侯轉運論太極拳

一、侯春秀先師論初學太極拳之要點

恐初學太極拳者不能得其要領，謹舉其要點，以為初學者參考。

太極拳之性質，剛中寓柔，柔中寓剛，剛柔相濟，運化無方，此言成手之工夫也。

初學者宜以自然、柔活為主。柔，宜鬆活、宜領，柔而不鬆，活而不領，安能致敵堅剛之將來哉。

太極拳之方法，最主要是虛實開合、起落旋轉八字，初學者需要辨別清楚。練習時，須先慢而後快，快後復緩，先柔後剛，然後剛柔始能相濟。

太極姿勢之要點，不外乎是手領眼隨，身端步穩，肩平身合。尤須注意，頂、襠兩部之勁，無使無失，否則必致上重下輕，周身歪斜，站立不穩，百病皆出矣。

太極拳之動靜作勢，純任自然，運化靈活，循環無端。要知虛實開合，起落旋轉，俱從圓形中來。凡初學入門者，以大圓為法，始能柔筋活節，身作心維，朝夕盤

打，精而求之，進步自速。

又談呼吸調氣，足以發達肺部，隨其動靜，出納以調氣，則筋肉與肺部必同時發育，自無肺病之患。

初學太極拳，盡力求慢，是為了便於檢查姿勢是否正確，切不可性急，以免對進一步提高造成困難。但慢有個限度，不可慢得似動似停，目定神呆，好似那裡有什麼心思。這種慢不是行動所需要的，因此必須在精神上提起和意氣靈換的前提下求慢，這樣才能不致產生癡呆的缺點。慢而後快，同樣有一個限度，雖快，但動作仍要沉著，沉著的快才是太極拳要求的快，不沉著就是病象。同時能夠表現出在勁別的情況下求快，才是有利無害的快。要身作心維，身宜作其圓活，心宜維其虛靈，姿勢力求正確，這樣練成後，才不致犯病，是為自要。

二、侯春秀論太極拳

上打咽喉下打陰，左右兩肋中在心，

雙風貫耳向前進，緊跟黑虎雙掏心，

左右拳打紫金關，二龍戲珠緊著跟，

下節兩臁並兩膝，腦後一掌見真魂，

急用三拳封上下，滿面開花要打準，

鷂子翻身貫頂劈，選擇傳授於後人。

「武事其要一二語，心法原源不在多，能得其要一語而終，不得其要必散無窮。」

第一點，拳架要和實戰相結合

練架時面前如有人，實戰時面前如無人，也就是說練拳為了實戰，實戰就要練拳。

練時連綿不斷，行雲流水，意氣君，骨肉臣，意要領先，全神貫注。實戰時，一招既出，滾珠連發，脆冷快狠，如開弓無有回頭箭，不能有半點鬆懈，稍許的鬆懈，必然吃大虧。

第二點，心理和技能相結合

練拳者對自己要有信心，與人交手心要佔先，膽要正，頭要清，要有心計，攻人攻心，預設陷阱，誘敵上當。

這就要求在技能上狠下工夫，技能來不得半點虛假，只有時時操演，朝夕盤打，功才能強，藝才能精，技高膽子就正，才能在與敵人對壘時，立於不敗地。

第三點，練架和練功相結合

練拳不練功，到頭一場空。拳架每天都要練一、二十遍。要抽出時間練功，練手、練身、練腿，上練掤、挒、擠、按、採、捌、肘、靠，中練進、退、起、伏、騰、閃、圓、轉，下練纏、跪、挑、撩、劈、壁、掛、蹬。

練架分三層練功，層層演練，分解走向，鑽研拆解，歸納分類，捷取亂環，疊方找點，意念折疊，螺旋往返的功法要像練架一樣日日操練，日練日進，久而功成。

第四點，練架、推手、散手三合一

光練架不行，要學推手、散打，推手散打又要在架子裡找。一定要用「心」去練，練拳練心。最看不起的人，

就是三心二意的人，不好好練架，想推手，推手還不怎樣
又想學散打。要求一步一步地來，一層功夫一層理，你功
夫到了，老師自然會把下一層功夫講給你。

秘訣太極十三勢歌：

> 掤捋擠按本無弊若無對抗似遊戲
> 採挒肘靠求無敵冷脆狠準練絕技
> 進退套絆勾掛利顧盼定向成武藝

三、侯轉運論太極拳

1.「兩種功夫」

觀世界之功夫，古往今來，無非有兩種功夫：一是以
力量硬打，打倒對方，如少林拳、拳擊、散打、跆拳道、
截拳道、空手道等等；還有一種功夫即太極拳，剛好相
反，專一化解對方力量為主。

太極拳不講級別、量級、體重、力量，也不管對方是
什麼打法，任憑對方隨意拳打腳踢，只要對方力量上我的
身，瞬間進行化解，將任何方向的任何力量在瞬間全部化
解，使之無影無蹤；或使之反彈出去，使對方飛跌出去。
而且，對方的力量越大，反彈的力量也就越大，對方摔跌
得越遠、越狠，受傷越重。此即所謂「借力打力」，「引
進落空，四兩撥千斤」。

2.「不要妄動」

太極拳是全身高度協調的鍛鍊方法。所謂「高度協調」主要表現在「一動百動」上。不管身體的任何一個部分有動相，全身立刻同步跟隨，都隨之而協調地動起來。所以，太極拳的任何一個動作都是全身整體動作。但在具體操作時不宜過分誇張，全身動作不宜過大。

這樣一來，就形成了一個對立統一的矛盾狀態：必須一動百動，但又不能過分。如果有人動作太大太過分，這在古代拳經中叫「妄動」，故而在練拳架、推手、散手時，都要注意把握分寸。

3.「太極之圓」

古代流傳下來的太極圖是一個圓，為什麼是圓呢？因為宇宙是圓的，銀河系是圓的，太陽系是圓的，地球也是圓的，所以，太極圖的圓符合世界的規律，符合世界的形象。而太極拳是張三豐祖師在六百年前根據太極圖之圓所創立，其根據就是古代的太極之理，首先就是圓。

所以，練太極拳應該處處體現圓，身形圓、手形圓、腰腿動作圓、雙手劃著各種各樣的圓，同時心圓意圓，內外都圓，一切皆圓。

圓形是世界上最完美的圖形，又符合宇宙規律，那麼太極拳就應該是世界上最完美的、最符合宇宙規律的鍛鍊方法和戰勝敵人的方法。

4.「圓形技擊」

世人皆知直拳打法，都說直拳最快，豈不知直拳雖
快，卻有被人可乘之處。最大的問題在於，一拳打出，如
果打在樹上或牆上，力大者可能把樹打得搖晃，把牆打出
一個坑，但人是活的呀。對方一個閃身，你這一拳可能就
會落空，這時，你就來不及了。

圓形可以克制直形，就像你打一個籃球，它一旋轉，
你的力量就會滑到一邊去了。太極拳就是如此，它的圓形
動作可以化解一切力量，使之沿著圓的切線飛出去。

在太極拳的眼中，不僅化解要靠圓形，主動出擊也要
運用圓形，出手之拳，在自己的感覺中，全都是圓形，看
起來彷彿是直線，其實是圓形的片段。

5.「相反相成」

有人想不通為什麼太極拳放鬆、緩慢、用意不用力，
反而是高功夫。中國古代亦稱之為「玄機」，所謂「玄而
又玄，眾妙之門」。其實，這不過是《周易》的一個最基
本的理論而已。老子的《道德經》講，「反者道之動」，
即物極必反。今天我們講「相反相成」，都是一個道理。
在太極拳中最能體現出來。

如太極拳講「極柔軟然後極堅剛」既是此意。就是
說，太極拳看起來練得慢慢的，很柔軟，一旦動手，卻力
量立即迸發，令人膽戰心驚。有如「極緩慢而極神速」。
閃電般的速度從何而來？專門練快反而練不快，唯有練

慢，才能在用時以極快的速度而體現。

6.「三合一」

我在小時候就經常聽父親說，他練的太極拳是「三合一」太極拳，知道「三合一」是拳架、推手、散手三合一，也就是說跳架子就是推手，就是散手，在跳架子時也就同時練了推手和散手。我在練習中發現拳架的每一式都是推手或散手的精華用法。因此，我認為，練拳架時勤加體會，天長日久，必有感受，在推手和散手時自然就會運用出來。

這裡，我特別要說的是，全部拳架中的 75 式動作，每一個動作都有無限的用法，用學術語言表達，就是每一個動作都是武術技擊的精華全息元，也就是每一個動作包含了無限的可能性用法。所以說，初學者還是應該學一些具體用法，但必須明白，絕對不能僅僅限於這幾個用法，隨著水準的不斷提高，應該突破具體用法而達到對全息元的理解，這樣，你才能理解為什麼「無限勝有限，無招勝有招」、「無勝於有」。

7.「修煉三原則」

總結我練拳的全部體會，我認為，要練好太極拳，必須把握「三原則」：

一是高度協調。在太極拳訓練的每一個環節、每一個動作，都要全身高度協調，而且身體和心靈也要高度協調，所以，太極拳修煉是練什麼，是練協調性，一旦協調

性達到高水準，那就會出現德國當今著名學者哈肯在《協同論》中所說的「協調產生新的力量」，在太極拳的修煉中才能產生不可思議的整勁力量。

二是和合凝聚。和合凝聚是一種感覺，從一開始練習者就應該把握這一點，所有的動作都必須體現和合凝聚。和即和諧，合即合作，凝聚是力量、是感覺、是精氣神，都要有一種凝聚在一起的感受，絕對不能分散，特別是感覺不能分散。中國功夫來自何處，來自和合凝聚。

三是向內收斂。收斂和分散是對立的，所有的動作都產生一種感覺，向內收斂，而不是向外發散。協調、凝聚、收斂，我認為這就是修煉中國各種功夫，特別是太極拳功夫的根本原則，只有這樣，才能練成功夫。

8.「打空」

古拳譜中說「輕比重來重比輕」，又說「打重不如打輕，打輕不如打空」，都說的一個意思，高明的打法是打空。

所謂「空」為何意？有兩層意思，一是「引進落空」，使得對方進入「空」的狀態，即對方所有的力量全部落空，任你千般力，瞬間全落空；二是把對方打空，比如對方一隻手過來，我抓住其手，翻轉其手，並托其肘下壓，一個「白鶴亮翅」，對方立刻被打翻在空中。

廣義地講，太極拳的 75 個招式中的任何一個招式都可以瞬間把對方打在空中，把對方凌空發放出去。能同時做到這兩點，就達到了「空」的境界。

9.「中正」

「中正」為陰陽平衡之意，在太極拳的練習中，表現為在任何情況下，身體都不能失去平衡，重心不能歪斜，身形不能破體，力量不能出身形之界限。虛領頂勁，上身正直，不能歪斜；頭項正直，不能歪斜；整體正直，不能歪斜。

特別要注意的是，手隨身轉，手到身到，手不能超越身形之中線。在推手與散手中，唯有中正，才能保證自己處於順勢，而背勢往往因為違背了中正原則。

10.「無為」

「無為」並非無所作為，而是「順其自然，捨己從人」。在清朝時，許多高手都已經認識到「不求形骸似，但求神意足」，「拳無拳，意無意，無意之中見真意」，古人的見解絕非空穴來風，而是有其實踐中的深刻體會，只有當練到一定的水準之後才能體會到。

我認為，練到十幾年後，就會感覺到，已經有一種隨心所欲的境界，無所謂練也無所謂打，練就是打，打就是練。正所謂「無為方能無不為」。

11. 練拳「九不」

（1）氣不精喘　（2）身不妄動　（3）頸不搖晃
（4）形不破體　（5）力不出尖　（6）神不外溢
（7）意不露形　（8）練不迎風　（9）心不外馳

12. 收徒「九不」

（1）不收心術不正者
（2）不收妄自尊大者
（3）不收心懷叵測者
（4）不收欺師滅祖者
（5）不收好勇鬥狠者
（6）不收道德敗壞者
（7）不收違法亂紀者
（8）不收挑撥是非者
（9）不收心狠手毒者

第十二章

武當傳統承架三合一
太極拳歷代傳承關係

一、武當傳統承架三合一太極拳的
歷代傳承關係

祖　師：張三豐（1247 元貴由二年—？）

　　　　　↓

第二代：王宗岳（1531 明嘉靖十年—？）

　　　　　↓

第三代：蔣　發（1574 明萬曆二年—1654）

　　　　　↓

第四代：邢喜懷（1596 明萬曆二十四年—1673）

　　　　　↓

第五代：張初臣（1611 明萬曆三十三年—1693）

　　　　　↓

第六代：陳敬伯（1663 清康熙二年—1745）

　　　　　↓

第七代：張宗禹（1698 清康熙三十七年—1779）

　　　　　↓

第八代：張　彥（1752 清乾隆十七年—1836）

第九代：張應昌（1777 清乾隆四十二年—1858）

第十代：張金梅（1822 清道光二年—1904）

十一代：張敬芝（1845 清道光二十五年—1925）

十二代：侯春秀（1904 清光緒三十年—1985）

二、侯氏承架太極拳傳人表

第一代：侯春秀

第二代：侯戰國　侯轉運　侯玉娥　王喜元
　　　　黃江天　張玉亮　劉會峙　徐效昌
　　　　岳劍峰　李宗有　趙　策　劉曉凱
　　　　王德信　羅及午　邱保平　林泉寶
　　　　張長林　張順林　裴國強　袁加彬

第三代：

（侯戰國弟子）侯亞東　侯　鑫　李春茂　李　宏
　　　　　　　楊道紅　吳景文　穆　偉　張和耀
　　　　　　　李　峰

（侯轉運弟子）艾光明　吳　江　張昱東　侯憲君
　　　　　　　付　賓　陳慶悅　張占永　吳　星
　　　　　　　嚴秋林　陳小悟　高鎖勤　曾曉蘭

	朱小利	馬朝中	薛益民	李　剛
	黃清峰	張金國	柴海生	劉松普
	張伯友	張豐光	郭東升	紀　凡
	劉　靈	王敬愛	王京海	胡樹功
	劉　駕	崔宇峰	楊　剛	董軍衛
（黃江天弟子）	黃國兢	黃國渡	劉鴻義	趙水平
	雷濟民	李　巍	史昆靈	高國洲
	袁軍建	負鳳娥	楊玉琦	
（劉會峙弟子）	李萬斌	趙劍英	房英武	龐　泳
	胡　元	楊智春	田志春	蔣衛東
（張長林、張順林弟子）				
	來小平	潘金龍	鄒選鋒	王　斐
	程惠安	宋小建	邱　健	董紹宗
	陳　立	燕新旗	奧偉平	
（岳劍峰弟子）	孟文虎	趙千民	謝繼耀	柴東生
	柴海生	李耀武	宋衛國	朱　宏
	劉發紅	常智英	張高峰	王　波
	員澤亮	周建斌	范民慶	
（林泉寶弟子）	孫芳青	舒興勇	胡升芳	靳　淼
	王　莉	陸　晏	沈立群	沈曉東
	劉德軍	徐燎宇	袁維暉	郎慶波
	陳昌樂	賀曙光	陳　波	李福興
	林　喆	潘曉群	駱　華	丁國華
	秦　寵	鄒錦熠	黃胱亮	傅　華
（袁加彬弟子）	羅品文	馮伯奎	張　洪	王道剛

鄭學高	馬棟軍	賈玉英	曹曉平
程建平	李天雲	何　勇	陳　茂
林培峰	梁俊德	古海嘯	黃文彬
趙品源	胡江華	彭　紅	袁秋蓉
余家蓉	葉通才	陳士傑	

第四代：

（艾光明弟子）程　超　殷玉明　盧寶利

三、一代太極拳大師侯轉運先生

中國的太極拳自六百年前由武當派張三豐祖師集中國功夫之大成而創造並流傳之後，代代傳人，連綿不絕。

侯轉運先生祖籍河南省溫縣趙堡鎮，是武當傳統承架太極拳嫡傳傳人侯春秀的三兒子。侯春秀作為一代太極拳宗師，身懷絕技，是張三豐武當傳統太極拳繼承架的正宗傳人。20 世紀 30 年代，侯春秀攜家人輾轉來到西安。侯春秀先師在中國太極拳史上的偉大功勞是把在民間秘密隱藏六百年的武當傳統承架太極拳第一次公之於世，使世人得以窺見張三豐武當傳統太極拳的原本風貌。

（一）侯轉運先生的成長經歷

1957 年 8 月，侯轉運先生出生於西安，並成長於這個太極拳興旺發達的時代，他目睹父親驚世駭俗的太極功夫，決心繼承父業，學到真本事，把太極拳事業發揚光大，為民造福。在其父親手把手的嚴格教授下，侯轉運先

生從小就全面學習武當傳統承架太極拳，每日堅持習練，三十多年來不分寒暑，未敢懈怠。

由於他勤學苦練，再加上得天獨厚的嚴傳家教，因而盡得其父真傳，從拳架、推手、散打、內功諸方面全面繼承了武當傳統承架太極拳功法的真諦。

侯先生隨其父親侯春秀習練太極拳，那時他上小學一二年級，練拳的地方在西安革命公園。在侯先生的記憶中，當時跟其父親學拳的有劉玉英、張玉亮、黃江天、侯建國、王喜元、史振義等十幾個人。20 世紀 70 年代後，跟其父親學拳的有權惠敬、徐孝昌、岳劍峰、郭宗發、王建、黨建民、劉瑞、李隨成、李雙印、魏富金、廖振翔、劉會峙、李宗有、張順林、張長林、林泉寶、裴國強、邱保平、羅及午、王德信、趙策、劉曉凱等人。

到 13 歲時，也就是 20 世紀 70 年代初，他經常跟隨其父親的學生一起去大雁塔看擺場子。所謂擺場子就是當時西安所有練拳的老師、學生每逢星期天上午 8 點去大雁塔進行大比武，各門派的各拳種都在這裡展示表演。

當時經常帶侯先生去大雁塔參與擺場子的有：陳志生、郭宗發、王建、黨建民、郭虎、孫子生等。他們經常讓侯先生在場子裡表演太極拳，並與其他門派交流技擊、推手技術等。此外侯先生還經常和他們去南門、新城廣場、興慶公園、北門等練拳人多的地方去看練拳，拜訪武林前輩，結識武林名流人士，並與各門派交流技擊、推手技術，還一起練拳架、談拳。

同時，侯先生還向他父親的學生們學習其他拳術。陳

志生、郭宗發、王建他們原來是練陝西紅拳的，郭虎、孫子生原來是練梅花拳的，由於他們又跟侯先生的父親侯春秀先師學練太極拳，所以，侯先生就有了學習其他拳術的良好條件，他向師兄們學了陝西的炮捶、翻子，還有棍術對練、雙人對打等，同時他還和他的師兄們在一起推手，磨煉實戰技術，他 15 歲時就已能熟練地與成人進行推手對抗。

其父侯春秀先師在 20 世紀 70 年代去咸陽傳授太極拳時，經常帶他同去。當時他和父親就住在張長林、朱君堂家裡，後來住在裴國強家。這段時間的教拳實踐為他後來的太極拳教學活動打下了基礎。

20 世紀 80 年代初，侯轉運先生即在西安東門外開始授徒教學，同時與武林各門派人士進行實戰搏擊切磋，取長補短，提高自己。

由於注重實戰，侯轉運先生的太極功夫日漸提高，終於達到了爐火純青的上乘境界。

1980 年，侯先生家從東六路搬至東一路 75 號，因距東門很近，侯春秀先師的授拳地點也就從革命公園換到了東門外的環城公園。每天晚上侯先生隨其父一起教拳，在協助父親教拳的同時，他自己也開始招收弟子和學生，這一時期的學生有：趙洪賓、付賓、王洪恩、李剛、劉松普、陳根生等，侯先生每晚帶他們在環城公園練拳，教授他們拳架和推手。

這一時期經常有人來切磋拳技，如在 1984 年 9 月一天晚上，侯轉運先生和弟子、學生正在練推手，西安看守

所武警林子英來到這裡，他提出要與侯先生切磋一下。當他與侯先生搭手之後，侯先生用太極擒拿和摔法將他摔了幾個跟斗，然後，他又與侯先生的幾個學生切磋，也沒有勝過他們，最後他說：「這種太極拳，我沒有見過。」從那以後，他在每個週末的晚上都來找侯先生談拳、請教，後來，他們就成了朋友。

侯轉運先生十分關心社會、關心民間、關心中國文化遺產的保護，他跟隨父親侯春秀先師多次參加各種社會公益活動。

1976 年，唐山地震，侯先生隨其父參加了當時的西安市政府舉辦的賑災義演活動。義演活動在西安市體育場舉行，侯春秀先師表演太極拳架，侯先生和王喜元一起表演太極推手。

1980 年 6 月，侯先生隨其父又參加了陝西省武術協會舉辦的民間武術家義演活動，支援災區建設，體現了侯春秀先師和侯先生對災區人民的拳拳仁愛之心。

1983 年 5 月，武當趙堡太極拳研究會成立，在成立大會上，侯先生和裴國強一起進行了推手表演，為武當趙堡太極拳研究會的成立增輝添色。

1984 年 10 月，為了深入挖掘和保留民間傳統武術，中華武術總會民間武術挖掘整理小組由耿宏鵬任組長，對武當傳統承架太極拳進行保護、挖掘和整理，對拳架、推手等內容進行影像拍攝。侯春秀先師帶領侯轉運、王喜元、侯玉娥和劉曉凱進行了拳架和推手表演，使侯氏承架太極拳第一次有了影像資料的保存，為中華優秀文化傳統

的繼承和發揚作出了重大貢獻。

黃江天、劉會峙、趙策、劉曉凱、王德信、魏富金、羅及午、裴國強等，他們對侯春秀先師特別孝道，在侯春秀先師有病時，他們輪流守夜伺候。

1985 年 3 月 8 日，侯先生的父親，一代太極拳宗師侯春秀去世。當時侯春秀先師的入室弟子、再傳弟子、學生、拳界好友上千人都來參加了追悼會。

侯春秀先師去世後，他的入室弟子都經常來看望侯春秀先師的夫人，直到她 2000 年 1 月 2 日過世，大家在辦完喪事安葬後都才離去。

（二）開始肩負傳播太極拳的重任

自侯春秀先師去世後，侯轉運先生就擔任起傳播侯氏太極拳的重任，這時他經常在東門外環城公園和市第三中學操場教授弟子及學生。在這一時期，有兩位知識人士成為侯轉運先生的入室弟子，對推動太極拳的傳播起到了很大的作用。一位是西安外國語大學的艾光明先生，另一位是西北大學的吳江先生。

侯先生和艾光明是 1985 年在興慶公園認識的。艾光明是西安外語學院的副教授，特別喜歡中國傳統文化，如周易、氣功及傳統武術，他以前跟一位道長學過太極內功八式等，透過與侯先生交手，認識到了侯氏太極拳的技擊特性和作用，並且他與侯先生在一起交談甚為投機，從而他決心跟隨侯先生學拳，隨後遞帖拜師，成為侯先生的入室弟子。同時期還有張伯友成為侯先生的弟子。

之後,艾光明聯繫了陝西省氣功學會,所以,侯先生經常在玉祥門省氣功學會大禮堂和省軍區幹休所大禮堂做太極拳報告會及交流會。

1991 年,在省氣功學會做報告和交流時,吳江看到了侯先生和弟子張伯友的推手表演。報告會結束時,吳江向侯先生介紹了他自身的情況,他是西北大學的副教授,特別喜歡中國傳統武術,他當時練的是形意、八卦和陳式太極拳等。

會後大家一起去侯先生家座談,在侯先生家裡,他們一起談論、交流太極拳的推手和技擊,氣氛熱烈,吳江當時表示願意拜侯先生為師。

後來經過跟侯先生幾個月的太極拳學習,侯先生從各方面瞭解了他,才決定收他為入室弟子。當時遞貼拜師的還有朱小利、郭東升、侯憲君,跟侯先生學拳的學生則有張銀生、何建西、王東亮等。

之後,吳江與西北大學習武會聯繫,侯轉運先生和弟子們在那裡舉行了一次太極拳報告會和推手演練,報告會結束後,習武會會長張金國和他的幾位同學,找侯先生來交流切磋,被侯先生折服,張金國一定讓侯老師在西北大學長期開班。就這樣,侯先生開始在西北大學開班傳授太極拳。

在開班期間,遞貼拜師的有薛益民、張金國、黃青峰、紀凡。在西北大學開班後,同學們一致反映學習效果很好,因而侯轉運先生被西北大學習武會聘任為習武會顧問兼太極拳總教練。

　　侯轉運先生隨後又被西安交通大學武術總會秘書長陳慶悅邀請前去做報告和交流會，在學生大禮堂來聽報告的人很多，很多學生都站在走廊裡聽。當時和侯先生一道去參加報告交流會的人有王長庚、李延慶、弟子艾光明和吳江。在報告會上，侯先生給同學們做了太極拳實戰演練，當時還有幾位同學上臺與侯先生切磋，被侯先生在臺上折服，台下同學對侯先生的太極功夫非常認同並受到鼓舞。報告會結束後，武術總會在校體育場內舉辦太極拳學習班，報名的人數達到數百人，當時校報來了多名記者對此事做了報導，這是西安交通大學建校以來學習太極拳人數最多的一次。侯轉運先生被西安交通大學武術總會聘為武術總會名譽會長。

　　在西安交通大學開班時，陝西機械學院（現西安理工大學）武術協會幾位同學來交通大學與侯先生聯繫，邀請侯先生去他們學校做報告會和開辦太極拳學習班。侯轉運先生隨後在機械學院也開辦起了太極拳學習班，後被陝西機械學院武術協會聘為武術協會名譽會長兼武術總教練。在這段時間裡，侯先生和弟子艾光明還被西北農業大學氣功協會邀請前去做過報告會。之後侯轉運先生被陝西省第五屆高等院校大學生武術邀請賽聘為大會名譽主席。

（三）太極功夫在散手實戰中的體現

　　1992年春，侯轉運先生在興慶公園三八林給張銀生、艾光明、朱小利等弟子傳授太極拳時，來了一位年齡20多歲的小夥，他自稱是在公安局工作的一位司機，特別喜

歡武術散打，已經練習多年，他提出想和侯先生交流一下。侯先生讓他隨意出拳，他一記右直拳迅猛地向侯先生左臉擊來，只見侯先生出左手將對方來拳擋於左臂之外，同時身體向前，屈左肘直擊，正中對方胸部，他仰面倒地，半天爬不起來。侯先生一招制敵，令對方佩服不已。

1995 年夏，西安市東郊一位練了多年功力拳的王姓武師慕名前來切磋。但見這位王師傅雙拳上下翻飛，攻勢凌厲異常。侯先生只進不退，在間不容髮之際避過對方來拳，一記右擺拳，擊在王師傅的左脖頸，王師傅應聲倒地。起身之後，連聲「慚愧」，他多年苦練的硬功夫，罕逢對手，今天不曾想如此一招就落敗，真是天外有天啊。

1996 年夏，來自德國柏林的邁克爾先生經人引薦見到了侯轉運先生。邁克爾先生曾取得過德國自由搏擊競賽優異成績。他的直拳、擺拳、勾拳、側踢、左右旋踢等均十分熟練到位，且身高力猛，故而其十分自信。

在侯先生家中，侯先生讓邁克爾隨意出手，邁克爾就一個右直拳隨身而進，直奔侯先生面門而來。侯先生則迅即上右步併左側身，同時右拳擊打在邁克爾的右臂上，將邁克爾的右直拳擊打在外，侯先生並未停止，右手以拳背砸向邁克爾的額頭，如電光石火一般，邁克爾的頭部中了一拳，他不由自主倒退了一步，但其反應很快，迅即起右腿向侯先生踢來，侯先生隨即身體右轉，雙掌齊出，推在邁克爾的腿部，邁克爾站立不住，砰然摔倒在地。邁克爾站起後雙手抱拳，連聲說道：「中國功夫，太好了！」深表心悅誠服。

2001 年夏，侯轉運先生正在興慶公園沉香亭和袁光年、宋蘊華、劉天才等拳友聊天時，來了一位身高一米八左右的外地人，年齡大約 40 歲左右，他自稱來自山東，愛好武術太極拳，曾多次聽說西安趙堡太極拳有一位侯轉運老師的太極拳法不錯，來西安出差，借這次機會想認識和拜訪一下侯老師。幾個拳友告訴他，這位就是你要找的侯老師。當時他很驚喜地上前和侯先生握手並說今天很榮幸能夠見到侯老師。

隨後侯先生和他談起了太極拳的拳理、拳技，他聽完後提出想和侯先生推手，侯先生當時很高興地就答應了。在推手時，他剛想用勁就被侯先生一個返折疊勁將他摔倒在地。他從地上起來後，感到整個右手臂都很疼痛，不禁從內心而感折服，這位山東大漢連聲說：「沒想到侯老師的太極勁道如此神速。」

（四）全身心地致力於太極拳的教學推廣

侯先生從不擺架子，他平易近人，對每一位來訪者都熱情接待，就像對待多年的朋友一樣。他詼諧幽默，談笑風生，使每個人都感到心情舒暢，相互之間都暢所欲言。大家既佩服侯先生的高超上乘武功，又為他的謙遜、開朗、詼諧的性格魅力所傾倒。

侯先生在教拳中，能夠以非常通俗的語言和淺顯的形象比喻來解釋說明拳架及推手的動作，令學者覺得生動而親切，形象而易懂，因此多年來跟從侯先生學習太極拳者紛紛不斷，侯先生總是耐心指導，使從學者學有所成。他

常說：「讓每一個學生都能學到真東西，讓他們確實感到有所收穫，這就是我的最大心願。」

　　二十多年來，侯轉運先生以西安為大本營，在全國各地廣泛傳播太極拳，而今弟子已遍佈海內外各地，有來自加拿大、澳洲、德國、日本、新加坡、韓國等國家的太極拳武術愛好者，也有來自包括北京、天津、長春、哈爾濱、成都、廣東、廣西、福建、山東、山西、陝西、浙江、新疆等全國各地的太極拳武術愛好者，至今慕名前來學習者仍接連不斷，侯先生的弟子可謂桃李滿天下。

　　侯先生精湛的太極拳功夫和事蹟日益為社會各界人士所傳揚，《中國太極拳大辭典》、《華夏名人錄》、《三秦名人錄》、《武當》、《氣功與健康》，西安廣播電臺等書報雜誌以及國內外多家傳媒曾多次予以刊載、宣傳和報導，慕名前來訪問者絡繹不絕，侯轉運先生均予以熱情接待，相互切磋並給予指導，深受廣大太極拳愛好者的推崇與尊敬。

　　侯轉運先生曾經被省內外武術團體聘為西安市武術協會委員、武術教練，陝西省高等院校科技開發集團智慧研究所首席顧問，西安氣功武術館館長兼總教練，唐都武術館顧問，西安中國太極拳研究會會長，西安東方氣功學校副校長，廣東惠陽太極拳研究服務中心理事長兼總教練，陝西省氣功抗癌康復中心副理事長，陝西省癌症患者俱樂部副主任，華山秘功研究組特邀研究員，並且許多單位特邀聘請侯先生任名譽會長、顧問或客座教授。

　　2006 年 1 月，廈門康寶萊生物工程有限公司負責人邀

請侯轉運先生前去公司傳授太極拳；2006 年陝西省仿生
醫學研究院特聘請侯轉運先生為「康復保健中心」主任。

　　2006 年 5 月，西安外國語大學太極拳協會邀請侯轉
運先生前去開辦太極拳學習班，同時被聘請為西安外國語
大學太極拳協會名譽會長兼總教練；同年在陝西廣播電視
大學武術協會的邀請下，侯轉運先生前去該校開辦太極拳
學習班，同時被聘請為陝西廣播電視大學武術協會名譽會
長兼總教練。

　　2006 年 9 月，由侯轉運先生親自主持和弟子一起創辦
了中國侯氏太極拳推廣發展中心，本中心是推廣傳播武當
傳統太極拳的專業教學、培訓機構；同時又創辦了中洲武
當太極學社，由數名太極名家主持太極文化專業研修會，
開設「太極拳理論」、「易經」、「道德經」等理論課程，
定期舉辦學術交流活動。

　　2007 年 3 月，侯轉運先生應香港「回歸杯」第五屆
國際武術節邀請，率團參加「回歸杯」第五屆香港國際武
術節，榮獲一金二銀二銅及優秀獎三名。

　　2007 年 5 月 12 日至 21 日，侯氏太極拳推廣發展中心
接受主辦單位陝西省國土資源廳、陝西省人民政府參事室
聘請，由侯轉運先生擔任安保部部長，承擔由陝西省觀賞
石協會承辦的「2007 西安奇石博覽會」安全保障工作，
因圓滿完成任務而受到聘請單位的高度稱讚。

　　2007 年 6 月，中華武術總會開展組織整理優秀民間
傳統武術活動，侯氏太極拳經由侯轉運先生講解演示，由
俏佳人文化傳播有限公司製作出《武當趙堡承架三合一太

極拳》光碟一套，包括《侯春秀趙堡太極拳法》、《推手技法》、《實戰應用》共三張。由齊魯電子音像出版社出版，經全國新華書店統一發行。

（五）侯轉運先生的高深太極功夫

1. 對拳架運用熟練到位

侯氏承架太極拳共計 75 式動作，侯轉運先生對每式動作的理解與運用都達到高水準。在常人看來很平常的一個動作，經侯先生解釋和運用，立刻變成了凌厲的殺手，一旦運用，令人心驚膽寒。甚至就連「起勢」、「收勢」這些被一般人認為沒有什麼技擊功能的動作，在侯先生那裡都成了高水準的技擊手段，真是令人匪夷莫思。

侯轉運先生可以在推手與實戰搏擊中隨心所欲地運用 75 式中的任何一式，並且招招制敵。

2. 渾厚的太極整體內力

經過三十多年的不間斷修煉，侯轉運先生的太極內功已達整體渾厚之境界，隨意一個動作，都是一動百動，顯示出和合凝聚的整體內勁；隨意一個姿勢，都是綿裡裹鐵，體現出內勁透達；不經意間的一拳一掌，均隱含雷霆萬鈞之意。在與人搏擊時接手的一瞬間，就可內勁爆發，發人於丈外。凡與侯轉運先生推手者，均感侯先生之力難以捉摸，說有就有，說無就無，瞬息變化，無蹤可覓，看似毫不著力，突然堅硬如剛。侯先生在隨意一個動作中，可使內力透達全身，其拳、掌、腿、腳的使用，猶如鋼筋鐵棍。故與侯先生進行散手搏擊者，均感侯先生是「出手

如紅爐鐵，人莫敢挨之」。

侯轉運先生認為，太極內力就其本質不應該是所謂丹田之力，而應該是骨髓之力。不僅是在脊椎，而且充盈於全身筋骨之中。其內家真力來自數十年如一日的朝夕盤打的拳架訓練。

由於拳架訓練的特點在於「鬆、柔」、「用意不用力」、「圓形、弧形運動」，故而才能達到「內斂於髓」的最終結果。侯先生由此而得出「內家功夫在骨髓而不在於丹田」的結論。正所謂：「極柔軟然後極堅剛，致圓形而達內家力」。

3. 無與倫比的「閃電手」速度

侯轉運先生的反應能力似乎來自於先天素質，加上他幾十年的太極訓練，其動作的速度達到了極其迅捷的程度。凡與之搭手者莫不驚歎其「閃電神手」。

在推手中，若你要擒拿他，必被他截住；但他要拿你，你絕對跑不了。在散手搏擊中，侯先生總是後發而先至，遲出而先到，使人傾跌而落敗，做到了太極功夫的「彼不動，己不動；彼微動，己先動」。

當有人問到侯先生的動作速度何以如此快捷，侯先生說：「世人誤以為以快速動作訓練的方法方能致快，其實不然，實際上，極緩慢然後才能達到極神速，極細微然後才能有整體，極凝聚然後才能有爆發。」

侯先生在練習拳架時，充分體現出緩慢、細微、凝聚，正是「反者道之動」，易道太極的相反相成的方法在這裡得到了充分的體現。

4.「落空」、「放空」的「打空」戰術

太極拳散手戰術的根本究竟是什麼？侯轉運先生認為歸根到底就是一個「空」字。當年侯春秀先師在總結太極拳戰術應用時曾說過一句名言：「打重不如打輕，打輕不如打空」，侯轉運先生從小深受「打空」思想的薰陶，對「空」有獨特的理解，並體現在推手及實戰的具體運用上。當對方一旦襲來，將其力瞬間化解並使其落空，即「引進落空，牽動四兩撥千斤」。

「放空」的意思是，在對方感到「落空」，心中暗叫不妙時，已被借力使力，凌空拋出。跟勁好的人被「放空」之後尚可保護自己，跟勁差的人就可能受傷。

由於侯先生極善於「引進落空」和「打空」，所以一般人跟侯先生推手都不敢用力。當然，在訓練中侯先生都是點到為止，既能讓對方感受到某種勁力的效果，又不會使其受傷。

侯先生經過多年的探索，已摸索出一套行之有效的訓練方法，可在短期內使受訓者掌握「放空」的戰術技巧。凡受訓者一旦學習掌握了這一技巧後，都感到非常的興奮，且深感太極功夫的不可思議，其太極拳水準便達到了一個新的境界。

5.「無招勝有招」的意念功夫

侯轉運先生認為，在練拳初期，丁是丁，卯是卯，沒有規矩，不成方圓。對初學者一板一眼，嚴格要求，紮實訓練。當練到一定水準後，就開始有了一定的靈活性，這時需要舉一反三，融會貫通。

練到高水準後，「不求形骸似，但求神意足」。此神意者，乃是多年訓練而形成的一種高度協調的自我整體感受，是一種自我生命體驗的巔峰感受。這時，「借假修真」階段已經完成，潛意識靈魂已然達到「悟真」修證階段，一舉手，一抬足，無論是對自我，還是對對手，均感洞若觀火，心中自明。這時，已無所謂練，也無所謂打，練即打，打即練，打練合一；隨心所欲，舉手投足皆成章法；捨己從人，超越規矩，打破形式，神行合一。這時，無招勝有招，無限勝有限，從而臻於太極功夫「拳無拳，意無意，無意之中見真意」的上乘境界。

（六）結　語

侯轉運先生的太極功夫達到了出神入化、爐火純青的高級水準，已成為中國太極拳的新一代宗師。

今天，為能夠造福於更多的百姓，為使各界人士都能因習練侯氏太極拳而具有健康的體魄，並由此能夠更深切地體會、理解並應用博大精深的中華優秀文化，侯轉運先生親自主持成立了中國侯氏太極拳會，向社會各界推廣普及侯氏太極拳，以繼承張三豐祖師、王宗岳、張敬芝、侯春秀等歷代宗師的一脈傳承，並將引領著太極拳事業的繼續蓬勃發展，使太極拳在中國和世界上得到更大的發揚和傳播。

後　記

六百年前，張三豐祖師在創立了太極拳後，縱橫天下，彰顯了太極拳之威力和魅力。縱觀中國歷史文化，一部中國文化的歷史，就是周易文化，亦即太極文化的歷史，歷朝歷代，諸子百家，都是在不同的時代對於太極文化的不同歷史時代的話語解讀和時代的詮釋。一般認為，太極文化，在歷史上最突出的運用即所謂「太極三式」：一是《黃帝內經》，即中國中醫；二是《孫子兵法》，即軍事戰爭；三就是明代以來的張三豐的太極拳。太極拳的理論、拳架、推手、散手全都體現了太極文化，是為中國文化的精華內容。太極拳無論對於養生健身，還是防身技擊，都是民族文化的精粹，是中華民族對於人類的偉大貢獻。張三豐祖師臨終前曾遺言曰：「他日我武當必定大興。」六百年後，太極拳終於走向社會，為民造福。祖師的遺言正在變成今天的現實。

侯春秀先師所傳為「承架」，意即繼承了張三豐祖師之原本風貌。經過侯春秀先師幾十年如一日不懈的努力，使得武當侯氏承架太極拳在西安、咸陽等地區生根、開花、結果，並廣為傳播。侯春秀先師對太極拳的傑出貢

獻，奠定了他在太極拳界泰山北斗的歷史地位。

　　侯老前輩已然仙逝，而今其繼承人侯轉運等向社會積極推廣，廣為宣傳，以期發揚光大，造福群眾，既可告慰於先師之英靈，完成先師之遺願，又可使中華武術這一優秀遺產發揚光大，為民造福，留傳後世。此則為中國武術之幸也，中華文化之幸也。

　　侯氏太極拳剛柔相濟，鬆緊適中，虛實分明，動作緊湊，行雲流水，一氣呵成。對於廣大群眾來說，有病治病，無病強身，是一個良好的鍛鍊方法，很多人經過多年堅持鍛鍊，治好了各種各樣的疑難雜症。實踐證明，侯氏太極拳對於各類心血管疾患、肺病、胃病、肝病、腎病、關節疼、腰腿疼、神經衰弱等病症，均有較好的治療效果，尤其是對各類身體氣血虛弱者均有出乎意外的療效。所以，侯氏太極拳對於開展全民健身運動，提高全民族的健康水準無疑有著重要的促進作用。

　　侯氏太極拳繼承了中國古代武術克敵制勝的優良傳統，其拳架、擒拿手、反擒拿手、散手綜合在一起的鍛鍊方法，是中國武術高水準技擊的綜合。該拳講究以意承先，因循為用，順勢借力，引進落空，四兩撥千斤，充分體現了中國古代偉大哲學——周易文化的具體運用，並以其鬆靜正穩、輕靈圓活、勁道變化萬端，連招串用，巧擒妙拿，狠捌彈發，冷脆快狠等特點而著稱於世，故而對於推動我國武術技擊水準的提高也必將具有重要的作用。

　　由於武當承架太極拳六百年來一直在民間單傳口授，隱秘流傳，故而社會各界瞭解其真實面貌的極少，所以侯

氏太極拳的公佈，對於太極拳技術的發展，其意義重大，
也體現了弘揚中國優秀傳統文化，挖掘搶救民間珍奇遺產
的發展宗旨，對於推動社會先進文化建設有著重要的現實
意義。

甲申年癸酉月，岳劍峰先生風塵僕僕自晉赴秦。時維
十月，金風送爽，在西安興慶湖畔，但見綠水透迤，清波
漣漪。新整修後的興慶宮風光如畫，景致宜人。越小橋流
水，望復山綠紅，在沉香亭北，雕樑畫棟間，岳先生與武
當承架太極拳第十三代傳人侯轉運先生不期而遇，一壺濁
酒喜相逢，武林多少事，都付笑談中。

遙想岳劍峰先生當年，雄姿英發，身懷絕技，自幼練
就的山西洪洞通背拳，奠定了岳先生在山西武林界的崇高
地位。多年來一直擔任全國武術比賽國家一級裁判，其事
蹟見《中華武術》雜誌、《山西武術名人錄》以及《世界
名人錄》。在山西運城地區公安局工作期間，他憑藉通背
拳功夫，隻身一人，震攝當地歹徒，保衛一方平安，在武
林界被譽為「閃電手」。

20 世紀 70 年代，岳先生多次來到西安，尋訪西安武
林高人，終於在革命公園見到了武當承架太極拳第十二代
傳人侯春秀先師，雙方搭手之間，岳先生六根震動，內心
折服，方知藏龍臥虎之西安，果然天外有天，山外有山，
人外有人。岳先生驚歎曰：「侯老先生出手如紅爐鐵，人
莫敢挨之。」從內心誠心拜服。

西安是中國文化的發源地，以西安為中心的中國西北
地方是中華民族的搖籃。自古以來，曾有十三個朝代在這

裡建都，在長達三千年的歷史上，西安不僅是中國的政治、經濟、文化中心，而且一度曾經是世界文明的中心。漢唐雄風在這裡展現，絲綢之路從這裡起步。西安的東邊是世界第八大奇蹟，雄偉的秦始皇陵墓及秦兵馬俑；西安的西邊是武則天陵墓與釋迦牟尼的舍利子，在西安與乾陵之間，有七十二座漢唐陵墓在夕陽下閃射著歷史的光芒。鐘樓嵯峨，雁塔雄偉，西安地區物華天寶，人傑地靈，是為文化古都，風水寶地。特別是中國侯氏太極拳在西安的紮根與傳播，更增添了西安地區傳統文化的負載量。

中國北方地區，從高空俯瞰大地，黃河蜿蜒流過，恰如陰陽太極圖，黃河猶如太極圖中的 S 形曲線，西安和北京宛似太極圖兩條黑白魚的眼睛。自古代數千年以來，西安曾經輝煌過，但自從宋元明清以來，北京崛起了，西安衰落了。今天，伴隨著改革開放新時代的發展，特別是在西部大開發的滾滾大潮中，西安的再度復興已成為不可阻擋的歷史潮流。西安的復興是包括政治、經濟、文化等方面的全方位的復興。中國武當傳統承架三合一太極拳，在沉寂了六百年後，終於迎來了明媚的春天。

中國的希望在西北，西北的希望在西安。西安將以其所擁有的全部文化作為標誌，以全新的面貌，向世界展示西安復興的新姿。

西安的騰飛是中華文化騰飛的標誌，我們堅信，由今天侯氏傳人傳承的武當傳統承架三合一太極拳在未來必定大放異彩！

歡迎至本公司購買書籍

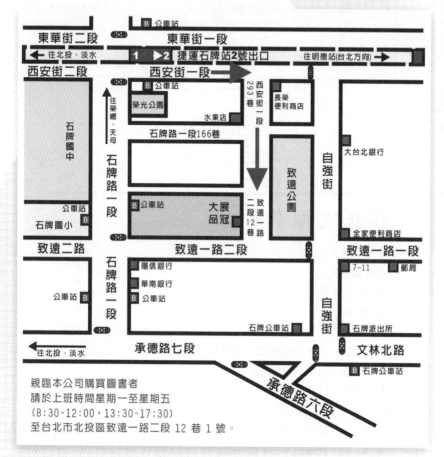

親臨本公司購買圖書者
請於上班時間星期一至星期五
(8:30~12:00,13:30~17:30)
至台北市北投區致遠一路二段 12 巷 1 號。

建議路線

1. 搭乘捷運‧公車

　　淡水線石牌站下車,由石牌捷運站 2 號出口出站(出站後靠右邊),沿著捷運高架往台北方向走(往明德站方向),其街名為西安街,約走100公尺(勿超過紅綠燈),由西安街一段293巷進來(巷口有一公車站牌,站名為自強街口),本公司位於致遠公園對面。搭公車者請於石牌站(石牌派出所)下車,走進自強街,遇致遠路口左轉,右手邊第一條巷子即為本社位置。

2. 自行開車或騎車

　　由承德路接石牌路,看到陽信銀行右轉,此條即為致遠一路二段,在遇到自強街(紅綠燈)前的巷子(致遠公園)左轉,即可看到本公司招牌。

國家圖書館出版品預行編目資料

侯氏太極拳／艾光明　張昱東　著
——初版——臺北市，大展，2013 [民102.09]
面；21公分——（武術特輯；144）
ISBN 978-957-468-974-3（平裝；附影音光碟）
1. 太極拳
528.972　　　　　　　　　　　　102013389

侯氏太極拳 附VCD

著　　者／艾　光　明　張　昱　東
責任編輯／王　躍　平
發 行 人／蔡　森　明
出 版 者／大展出版社有限公司
社　　址／台北市北投區（石牌）致遠一路2段12巷1號
電　　話／(02) 28236031 · 28236033 · 28233123
傳　　真／(02) 28272069
郵政劃撥／01669551
網　　址／www.dah-jaan.com.tw
E-mail／service@dah-jaan.com.tw
登 記 證／局版臺業字第2171號
承 印 者／傳興印刷有限公司
裝　　訂／承安裝訂有限公司
排 版 者／千兵企業有限公司
授 權 者／山西科學技術出版社
初版1刷／2013年（民102年）9月

定　價／350元

●本書若有破損、缺頁請寄回本社更換●

大展好書　好書大展
品嘗好書　冠群可期